GW01606702

LES WILDENSTEIN

www.editions-jclattes.fr

Magali Serre

LES WILDENSTEIN

JC Lattès

Maquette de couverture : Atelier Didier Thimonier
Photo : © Claude Azoulay/Scoop

ISBN : 978-2-7096-4250-7

©2013, éditions Jean-Claude Lattès.
Première édition avril 2013.

À mon père

« Pas d'argent, pas de bonheur, trop d'argent, trop de malheur. »

Sylvia Wildenstein

Un jour à Chantilly...

Il fait un temps radieux sur l'hippodrome de Chantilly. Ce dimanche de juin 2009, des milliers de badauds sont venus assister au prix de Diane, le premier événement hippique de la saison. Dans les gradins et sur les pelouses du champ de courses, les Parisiens s'amusent à rejouer pour quelques instants la belle époque où l'on pique-niquait en toilettes et en chapeaux. Il fait une chaleur harassante, l'heure de l'apéritif est passée depuis longtemps, on parle fort, la fête prend des accents de kermesse populaire.

Un peu à l'écart de la foule, le carré des éleveurs témoigne pourtant que le prix de Diane est toujours l'un des grands rendez-vous mondains de l'année. Dans cet espace fermé au public par des clôtures blanches, de magnifiques pur-sang entament quelques tours de chauffe sous les yeux de leurs entraîneurs un peu fébriles.

Alors que les haut-parleurs égrènent les résultats et annoncent les prochains partants, un homme reste impassible devant le spectacle des jockeys et de leurs montures. Guy Wildenstein, Légion d'honneur en boutonnière sur un costume bleu pétrole impeccable, affiche toute l'arrogance et la fierté du propriétaire d'écurie qui sait être observé, envié pour son statut et pour son nom.

Wildenstein est un nom légendaire pour les turfistes du monde entier. Au siècle dernier, sa casaque bleue, toque bleu clair, a remporté les plus grandes victoires : quatre fois le prix de l'Arc de Triomphe, deux fois le prix d'Amérique, cinq fois le prix de Diane avec des chevaux tels qu'*Allez France*, *Kotkijet* ou *Peintre célèbre* dont les prouesses résonnent encore dans les allées de Longchamp et de Vincennes.

Cet après-midi-là, Guy Wildenstein espère écrire une nouvelle page dans l'histoire prestigieuse de l'écurie familiale créée en 1923 par son arrière-grand-père, Nathan, puis rendue célèbre par son père, Daniel, qui posséda près de six cents pur-sang. C'est à ce dernier que reviennent la plupart des victoires et c'est à lui que les parieurs pensent en premier lorsqu'ils se remémorent les grands moments de l'écurie Wildenstein. Dans les travées des champs de courses, on murmure que son fils,

Guy, n'a pas la même envergure que son père, pas la même « classe ». Et d'ailleurs, qu'a-t-il gagné jusqu'ici ?

Daniel Wildenstein est mort en 2001 et Guy n'a toujours pas réussi à s'imposer auprès du public ; il reste l'éternel « fils de », position d'autant plus difficile que l'écurie n'est qu'un détail au regard de l'immense défi que représente l'héritage de son père.

Wildenstein, c'est un empire, la plus grande dynastie de marchands d'art du XXe siècle. C'est un mystère également, car cette activité de négoce est sujette à une étonnante discrétion de la part des membres du clan. Depuis plus de cinquante ans, Daniel et ses deux fils (Alec, l'aîné, est décédé en 2008) n'ont accordé presque aucune interview sur le sujet. Les Wildenstein règnent sur le monde de l'art mais seule leur activité hippique noircit les pages des magazines people. Pour le reste, il n'existe que de rares entretiens du père sur le peintre Claude Monet dont il fut l'expert mondial, quasi rien sur la galerie de New York qui renfermerait dans ses coffres des milliers de tableaux, dont les plus prestigieux sont estimés à plus de 100 millions d'euros. On retrouve le même mutisme concernant leur Institut du 57 rue La Boétie à Paris, le cœur historique de cette lignée de marchands, aujourd'hui centre de recherche et passage incontournable pour l'expertise des plus grands maîtres de l'impressionnisme. Les « W », tels qu'on les surnomme dans le petit monde des professionnels de l'art, sont avares de leur image ; ils ne choisissent pas la publicité, elle s'impose à eux au gré de leur histoire parfois mouvementée.

En rejoignant la tribune VIP de Chantilly, Guy Wildenstein n'accroche donc pas un regard, il est encore cet inconnu que seuls les initiés peuvent identifier : les propriétaires d'écurie, les notables, les politiques et les hommes d'affaires fortunés. Il progresse parmi eux avec les manières d'un homme bien né, il serre les mains, sourit enfin. Son regard s'illumine presque lorsque l'ancien maire de Chantilly s'approche de lui pour le saluer. Éric Woerth, le ministre du Budget, l'étoile montante du parti présidentiel, le connaît bien. Tous deux partagent la même passion des courses, la même couleur politique ; ils côtoient le même monde, se croisent de temps à autre aux réunions du Premier Cercle, ce club très privé des plus gros donateurs de l'UMP. Guy Wildenstein, qui en est membre, en est le représentant à New York, ville où il habite la plupart du temps. Éric Woerth, lui, en est le trésorier dévoué, fonction qu'il cumule avec son poste de ministre de la République.

Les deux hommes sont détendus, ils échangent quelques mots. Il fait beau, ils sont riches et puissants, c'est normal, tout est normal. Guy Wildenstein vient de recevoir il y a quelques semaines la croix de commandeur de la Légion d'honneur des mains mêmes du président de la République. Éric Woerth multiplie les succès dans sa lutte affichée contre les paradis fiscaux.

Le marchand d'art ne peut se douter un instant que ce ministre à l'image intègre sera dans les mois à venir au centre de l'un des plus gros scandales du mandat de Nicolas Sarkozy. Il peut encore moins imaginer que lui-même, malgré son nom, ses appuis politiques, sa fortune, se retrouvera aux prises avec la justice, mis en examen pour fraudes fiscales, et sera sujet à un redressement colossal, digne de figurer dans les annales du fisc français.

Aujourd'hui, les avocats de la famille Wildenstein sont contraints de négocier un redressement de 600 millions d'euros, hors pénalités. C'est un record pour des particuliers et un coup de plus porté à l'héritier qui a dû renoncer à briguer le poste de sénateur des Français de l'étranger à New York, suite à la délicate découverte, par les policiers, d'œuvres d'art supposées volées ou disparues dans les coffres de son Institut à Paris.

Ce dimanche-là à Chantilly, Guy Wildenstein peut encore savourer son statut de descendant d'une grande famille respectée de marchands d'art.

Il assiste sans sourciller à la défaite de sa pouliche *Board Meeting* ; il n'y voit aucun signe.

Peut-être aurait-il pu inverser la terrible logique amorcée contre les Wildenstein. Encore aurait-il fallu qu'il décide de clore une affaire de famille débutée des années auparavant, à la mort de son père.

Depuis 2003, sa belle-mère, Sylvia, s'est engagée dans une féroce bataille judiciaire contre lui et son frère Alec, furieuse d'avoir été dépossédée de son héritage. Toute tentative de réconciliation semble désormais vaine. Guy Wildenstein espère que cette malheureuse histoire de succession s'éteindra d'elle-même. Il se trompe.

La femme de Daniel Wildenstein a ouvert la boîte de Pandore, elle ne se refermera plus. Le voile de secrets qui protège depuis toujours l'empire des marchands d'art va brutalement se lever et mettre au jour les pratiques des « W ».

Une journée de courses s'achève sur l'hippodrome de Chantilly et une époque prend fin, celle du règne presque sans partage des Wildenstein sur le monde de l'art.

1. LA VEUVE

Dans la salle fonctionnelle et moderne de l'hôtel des ventes du Crédit municipal de Paris, il n'y a plus une chaise de libre tant les professionnels du marché de l'art, les antiquaires, les acheteurs privés et les simples curieux se pressent, nombreux, pour assister au cours de cet après-midi d'hiver à la mise aux enchères d'un lot de bijoux extraordinaires. Au rythme des coups de marteau du commissaire-priseur, leurs photos défilent sur un écran géant : des rivières de diamants, des bagues, des pendentifs, des broches, tous sortis des ateliers des plus grands joailliers de New York ou Paris, Van Cleef and Arpels, Boucheron, Bulgari, Chopard, Cartier.

Même pour les experts du Crédit municipal habitués à recevoir des objets de grande valeur, le prix de ces bijoux dépasse largement tous ceux qu'ils ont pu enregistrer ces dernières années. Ils sont évalués à plus d'1 million d'euros, dix fois plus que la moyenne des ventes de cette institution tricentenaire généralement fréquentée par la petite-bourgeoisie désargentée.

Voilà des semaines que le Crédit municipal, plus connu sous le nom désuet de Mont-de-Piété ou encore, plus imagé, de « ma tante », annonçait en pleine page de *La Gazette Drouot* la vente de ces trésors. Ce laps de temps a permis aux professionnels du marché d'identifier leur propriétaire : si l'hôtel des ventes a pour principe de conserver l'identité de ses clients secrète, une pièce du lot révèle à elle seule le nom de la femme qui porta ces joyaux.

Il s'agit d'une bague en émeraude sertie de diamants dont la taille exceptionnelle, 35 carats, en fait un bijou reconnaissable entre tous. Estimée à 280 000 euros, elle est accompagnée d'une broche et de deux boucles d'oreilles, en émeraude elles aussi, qui confèrent à cette parure un prix astronomique et pourtant largement sous-évalué de par les circonstances dans lesquelles elle est vendue : près de 500 000 euros à débattre.

Ces bijoux uniques – il n'existerait dans le monde que cinq bagues en émeraude d'une telle dimension – proviennent d'une mine de Colombie, aujourd'hui épuisée. Ils furent un cadeau de la richissime femme de lettres américaine Florence Gould à l'une de ses très chères amies, Sylvia Wildenstein. Par ce geste généreux, elle remerciait le mari de cette dernière, Daniel, de l'avoir conseillée et aidée à acquérir une merveilleuse collection de tableaux.

La femme de Daniel Wildenstein, le plus grand marchand d'art du XXe siècle, « l'homme aux dix mille tableaux », dont la fortune aurait atteint les 4 milliards d'euros, a donc été obligée de mettre ses bijoux « au clou », ruinée, épuisée par un combat judiciaire de près de dix ans.

Le destin a été cruel pour celle qui, avant de déposer sa parure d'émeraude en gage, la portait lors de grands événements comme le mariage du prince Charles et de lady Diana en 1981. Devant l'objectif d'un photographe, on la voit ce jour-là sourire aux côtés de son mari, radieuse dans sa robe rouge éclatante, qui tranche avec le vert profond de ses bijoux.

En moins de deux heures, les joyaux de Sylvia Wildenstein sont vendus pour la plupart bien en dessous de leur prix réel. La bague en émeraude est adjugée 180 000 euros, deux fois moins que sa valeur selon les experts. C'est une belle affaire pour son acheteur et peu importe si ce qu'il acquiert en surenchérissant une dernière fois est le fruit d'une tragédie familiale, le prix de la vengeance d'une femme trahie par ses beaux-fils.

Le million et demi d'euros issu de cette vente va rembourser en partie les banques et les créanciers de l'ex-milliardaire. Les bijoux, quant à eux, repartiront rapidement sur le marché pour être vendus à un meilleur prix par des professionnels.

Sylvia Wildenstein ne profitera jamais de l'argent de ses bijoux. Elle décède d'un cancer un an auparavant, en novembre 2010, dans son immense appartement du 16e arrondissement de Paris, criblée de dettes, sans être parvenue à récupérer ce pour quoi elle s'était battue toutes ces années : son héritage.

Rien ne prédestinait Sylvia Wildenstein à finir son existence sans un sou. Qui aurait pu entrevoir la terrible logique qui amènerait cette femme de milliardaire à la ruine, entraînant dans sa chute le clan Wildenstein, son nom et sa réputation ? S'il est une personne que les agents du fisc peuvent aujourd'hui remercier, c'est bien Sylvia, elle qui de sa vie n'avait jamais rempli une déclaration d'impôts.

Sylvia Roth, de son nom de jeune fille, naquit en 1933 à Ozhorod en Ukraine d'une famille aisée qui émigra en Israël alors qu'elle n'était qu'une enfant. De sa jeunesse à Haïfa, elle aimait raconter son service militaire dans les rangs de Tsahal, qui lui valut le grade de sergent. « J'ai fait l'armée deux ans, je suis une guerrière, je ne lâche pas », m'avait-elle dit, un an avant sa mort, de son accent anglo-saxon aux tonalités russes inimitables.

J'étais venue l'interviewer sur la bataille judiciaire qui l'opposait à son beau-fils, Guy Wildenstein, dans le cadre d'un documentaire d'enquête sur les paradis fiscaux. Je ne soupçonnais pas à quel point cette détermination affichée n'était pas surjouée et l'animerait jusqu'au bout. Assise devant un verre de bordeaux à la table qui lui était réservée à l'année au restaurant panoramique de Longchamp, elle était habillée d'un tailleur noir, les cheveux blond platine, et avait le visage sans âge de ces femmes qui ont abusé de la chirurgie esthétique. La voix assurée et calme, comme détachée, elle m'avait laissée entrevoir une petite partie de son histoire aux côtés de son époux adoré, Daniel Wildenstein. Le récit de Sylvia empreint de naïveté débutait comme un conte merveilleux – un peu trop beau pour qu'on puisse vraiment y croire – mais c'est ainsi qu'elle voulait conserver le souvenir de l'homme qu'elle avait tant aimé.

Lorsqu'elle rencontra le marchand d'art à Paris au cours d'un dîner de la Saint-Valentin au restaurant *Le Doyen*, elle avait trente-huit ans et vivait comme elle avait toujours vécu : dans l'insouciance. Après avoir divorcé d'un premier mari, un

Allemand catholique qu'elle avait épousé très jeune en Israël, elle était partie pour New York pour y devenir mannequin, puis actrice. Sylvia était une très belle femme, à la taille de guêpe, au visage de poupée russe, ce qui lui valut de poser en couverture du *Harper's Bazaar*, le célèbre magazine féminin américain. À ses amis, elle aimait raconter ses années de jeunesse en y mêlant une part de fantaisie. Sylvia préférait les rêves à la réalité, même ses intimes n'ont jamais vraiment su si ce qu'elle relatait de son passé était vrai. Peu importe, tout le monde adorait y croire.

L'histoire veut donc que la jeune femme ait joué à Broadway, côtoyé une multitude d'artistes, prêté sa baignoire à Marilyn Monroe lorsque cette dernière ne savait pas où dormir. Marilyn, avec qui Sylvia se serait baignée nue dans les années 1950 à Fire Island sous les yeux ébahis du plagiste. À cette époque, Sylvia tirait le diable par la queue, dépensant sans trop compter l'argent de ses cachets. Lorsqu'elle devait choisir entre un déjeuner ou un taxi, elle choisissait toujours le second : elle ne pouvait se résoudre à abandonner ses talons hauts, accessoire indispensable à sa silhouette longiligne.

À New York puis en France, à Monte-Carlo, à Paris, Sylvia jouait les starlettes, adorait attirer les regards et s'entourer de nombreux amis amusés par ses babillages. Le marchand d'art fut immédiatement séduit par la joie de vivre de cette grande blonde dont l'inconséquence lui faisait oublier le sérieux de sa vie d'homme d'affaires solitaire. Ce qu'il aima peut-être par-dessus tout, ce fut la candeur déconcertante de Sylvia : il sautait aux yeux qu'elle était totalement désintéressée. Pour le milliardaire dont la vie consistait, entre autres, à se méfier des profiteurs en tout genre, cette femme était un être désarmant.

Tout le monde aimait Sylvia, Daniel Wildenstein en tomba amoureux fou. Le lendemain matin de leur rencontre, il lui fit porter un briquet en or accompagné d'un petit mot : « Pour vous éviter l'ennui des allumettes. »

Ils ne se quittèrent plus pendant près de quarante ans.

Le marchand d'art a alors la cinquantaine, il est divorcé, père de deux enfants, Guy et Alec, qui ont une vingtaine d'années et qui accueillent sans broncher leur nouvelle belle-mère dans le clan familial. Sylvia n'a pas de mal à s'adapter à la vie de son nouveau compagnon, dont la fortune lui permet toutes les inconséquences. Elle aime le luxe, et son train de vie ne connaîtra plus de limites. Durant ces années de mariage, elle ne signera jamais aucun chèque, n'utilisera jamais sa carte bleue pour régler le moindre de ses achats. Le chauffeur et le personnel de maison s'occupent de tout, se pliant avec d'autant plus de facilité à ses quatre volontés que Sylvia est très généreuse. Elle leur offre des cadeaux à la première occasion, des vêtements en cachemire pour Noël, des manucures pour sa femme de ménage qui profite en même temps qu'elle de l'esthéticienne qui se déplace à domicile.

Le couple a abandonné les appartements de l'hôtel particulier de Wailly au 57 rue La Boétie, siège historique de la famille où se situe également l'Institut Wildenstein, pour emménager dans un penthouse au neuvième étage d'un immeuble de l'avenue Montaigne.

Sylvia joue à la perfection son rôle de femme-objet. Elle dépense l'argent de son mari, s'occupe de la vie sociale du couple, toujours souriante, toujours entourée d'une multitude d'amis qu'elle invite parfois lors de ses voyages à l'autre bout du monde dans le *Gulfstream IV*, le jet privé de la famille.

Pendant que Sylvia s'amuse, déjeune au Plaza juste en face de chez elle, entourée de sa cour, Daniel Wildenstein travaille. Chaque matin, y compris le dimanche, et à l'exception des jours fériés, le milliardaire quitte son domicile de la rue Montaigne à 8 h 20 précises. Il salue invariablement la concierge d'un coup de chapeau, s'engouffre dans sa voiture et part rue La Boétie où il fait sa toilette, prend son petit déjeuner et s'attelle jusqu'au soir à son métier de marchand d'art et d'expert. Daniel n'aime rien tant que les affaires, elles sont sa passion. Il se méfie de tous ceux qui l'entourent, hormis sa femme. Son caractère n'est d'ailleurs pas facile. Ceux qui travaillent à ses côtés, ses fils, ses amis, craignent ses accès de colère imprévisibles que son entourage met diplomatiquement sur le compte de son diabète. Le marchand d'art est un grand lunatique, un jour charmant et drôle, un autre froid, distant et cassant. « Méchant », diront les moins indulgents.

Daniel Wildenstein, sous ses dehors de patriarche autoritaire, est une personne très réservée, timide au point de bégayer en public. Il déteste les mondanités, tout le contraire de sa femme. C'est elle qui le pousse à se rendre aux réceptions auxquelles ils sont invités. Elle adore s'afficher dans les robes des plus grands couturiers et attire tous les regards sur elle avec ses immenses chapeaux, ses faux cils, ses décolletés plongeants et sa blondeur artificielle. Elle s'amuse de ces rendez-vous de la jet-set comme de sa rencontre avec la reine d'Angleterre au prix Royal Ascot – ce jour-là, son chapeau était si large qu'il ne passait pas par la portière de la voiture. Elle se délectera à maintes reprises de cette anecdote devant ses amis, elle dont l'une des plus grandes craintes était de passer inaperçue.

Cette femme généreuse que certains décriraient comme un peu « nunuche » ne pose pas de questions à son mari, elle lui fait une confiance aveugle et se désintéresse totalement de son activité de marchand, ce qui convient tout à fait à Daniel Wildenstein. Lui cultive la discrétion dans son travail comme dans sa vie privée. Toujours habillé de costumes sombres, classiques et passe-partout, il est souvent en retrait au milieu de la petite société qu'entretient sa femme. Il s'ensuit des quiproquos parfois cocasses qui le ravissent. Il lui arrive fréquemment d'être pris pour le chauffeur, comme lors de ce déjeuner à Megève où, attablé avec une vingtaine de personnes et alors qu'il sort plusieurs liasses de billets pour payer caviar et champagnes, le serveur qui l'avait ignoré tout au long du repas lui fait remarquer : « Votre patron est décidément très généreux, vous avez de la chance. »

Loin de s'offusquer de cette réflexion, Daniel dépose un large pourboire sur la table : « J'aime beaucoup ce restaurant, je reviendrai. »

Le marchand excelle dans l'art du mystère, y compris avec sa femme. Sylvia aimait raconter l'une de ses plus belles surprises après qu'elle s'était plainte de la décoration « trop froide » de leur appartement avenue Montaigne. Le lendemain matin, elle découvrait à la porte de leur domicile un livreur avec un énorme paquet. Surprise, elle crut que c'était une erreur et appela son époux : « Je t'ai amené de quoi réchauffer l'atmosphère », s'amusa-t-il au téléphone. C'était un magnifique tableau de Bonnard de près d'un mètre sur un mètre, le *Nu rose à la baignoire*, qui décorera le mur de leur salon tout au long de leur vie commune.

Lorsque le magnat de l'art ne travaille pas rue La Boétie, le couple passe quelques semaines à l'automne dans son hôtel particulier de Manhattan, doté d'une piscine intérieure, non loin de la galerie Wildenstein de New York. Ils l'ont choisi ensemble et elle l'a décoré à grands frais. Sylvia m'avait raconté comment les murs de cet appartement étaient couverts de tableaux de maître provenant de la collection familiale. Dans sa chambre à coucher, elle se souvenait du Cézanne au-dessus de son lit, du Renoir disposé en face et d'un Monet sur la gauche. Des détails qui, par la suite, auront leur importance dans son combat judiciaire.

La vie du couple s'écoule ainsi – peut-on dire paisiblement ? – entre leur quotidien à Paris, les voyages avec leurs amis fortunés et les séjours dans leurs propriétés dispersées aux quatre coins du monde.

À chaque Noël, les deux fils de Daniel, Guy et Alec, ainsi que leurs épouses, leurs petits-enfants et leurs amis proches passent quinze jours dans leur ranch d'Ol Joggi au Kenya. C'est un domaine de 30 000 hectares qui englobe un village de mille cinq cents habitants dont la plupart travaillent à l'entretien du site. On y trouve un point d'eau où l'on peut observer les animaux sauvages venant s'y désaltérer. Daniel a doté sa propriété d'un zoo dans lequel sont recueillis des bébés éléphants découverts blessés par les gardes-chasse. Il y a aussi les deux panthères avec lesquelles la famille Wildenstein s'amuse à poser : Daniel, impassible dans son rôle de chef de famille, Sylvia, rouge carmin aux lèvres et blonde platine, mimant Marilyn Monroe.

Dans cette somptueuse demeure du Kenya, Daniel Wildenstein donne des réceptions aux flambeaux dignes des *Mille et Une Nuits* au cours desquelles les amis du couple, souvent riches et blasés, ont pourtant du mal à cacher leur étonnement face à une telle opulence. On y croise aussi quelques personnalités venues assister à de très sélectes parties de polo : Omar Sharif, Gérard de Villiers et son épouse, Stéphanie Powels, des membres de la famille royale britannique…

Parmi les spectateurs de la vie fastueuse du couple – dont les témoignages auront leur importance lorsque Sylvia devra prouver l'existence de la fortune des « W » –, il y a Maguy, la meilleure amie de Sylvia, une Juive égyptienne qui a connu l'actrice durant quarante-trois ans et qui est devenue son inséparable confidente. Cette femme au verbe agile, partenaire de gin de la milliardaire, la suivait comme son ombre dans tous ses périples. Les dernières années, après la mort de Daniel Wildenstein, elle sera l'une des rares amis de la veuve à vivre ses heures sombres, sa ruine, sa maladie et sa lutte ultime contre ses deux beaux-fils.

Maguy était l'amie de Sylvia que Daniel appréciait le plus, celle qui parvenait à dérider le milliardaire avec ses histoires égyptiennes désopilantes. Ce qui explique sans doute qu'elle eut le privilège de partager leur quotidien au Kenya, à New York et aux îles Vierges britanniques où Daniel avait acheté un terrain et fait construire sa propriété de « Xanadu ».

« Xanadu », située sur la petite île de Virgin Gorda, est un autre exemple des moyens financiers dont bénéficiait Daniel Wildenstein. Il ne s'y rendait qu'accompagné de son chef cuisinier et de son pâtissier personnel, qui préparaient les repas donnés le soir sur la terre ferme et au déjeuner à bord du yacht du milliardaire. Cette demeure, dont les multiples dépendances permettaient d'accueillir les invités, disposait d'une immense piscine et de trois bateaux : un pour la pêche, un pour les promenades et un pour les déjeuners.

Sylvia avait convaincu Daniel d'acquérir cette propriété pour passer plus de temps avec ses petits-enfants. Sur le tard, après avoir consacré sa vie à son travail, et délaissé ses fils avec qui il avait des rapports distants, le marchand d'art voulut tisser de nouveaux liens familiaux, se rappelant son enfance et les liens étroits qu'il avait entretenus avec son grand-père, Nathan Wildenstein.

L'ancienne actrice faisait tout pour satisfaire ce mari habitué à ce que personne ne lui résiste. Au quotidien, il n'était pas facile à vivre, elle se pliait à ses humeurs et ses sarcasmes, mais sa patience avait des limites. Leurs amis se souviennent d'une anecdote : pour se moquer des bavardages de son épouse, Daniel lui avait offert une broche en forme de perroquet. Furieuse, Sylvia l'avait jetée par la fenêtre de l'avenue Montaigne. Le bijou était en pierres précieuses, d'une grande valeur, Daniel n'étant pas de ces hommes à acheter une babiole. Passé la colère, le couple s'était précipité dans la rue pour rechercher le somptueux perroquet multicolore sous le regard interloqué des passants.

Le marchand d'art et l'ancienne actrice n'entretenaient pas un rapport égalitaire : Daniel décidait de tout, protégeait Sylvia du réel, elle qui était si fantasque.

Elle paiera cher ce désintérêt pour les affaires de son mari, cette inconséquence dans laquelle elle s'installa tout au long des années.

Entre Sylvia l'écervelée et Daniel le calculateur froid, il y avait parfois un monde. Durant leur quarante ans de vie commune, toutefois, il y eut un domaine sur lequel ils s'entendirent toujours à merveille : les courses.

Chaque dimanche après-midi, ils se rendaient sur les champs parisiens souvent accompagnés de Myriam, la sœur du magnat de l'art. Dans les tribunes, les turfistes les reconnaissaient d'un coup d'œil : Daniel vêtu de son éternel manteau noir et Sylvia, cigarette au bec, parcourant les journaux hippiques. La même fièvre les traversait, le même goût immodéré du jeu et de la victoire. Le couple ne ratait que rarement un grand prix, et d'autant moins si l'un des cracks de l'écurie Wildenstein y participait. C'est ainsi que, lors des compétitions prestigieuses remportées par Daniel Wildenstein, on voit à la remise du trophée sa femme resplendissante dans sa toilette élaborée, brandissant avec lui la coupe du vainqueur.

L'hippisme était une véritable passion pour le marchand d'art : « Pour un cheval, je suis prêt à me déculotter. C'est clair. Comme pour un tableau. Pareil. C'est l'une des choses les plus importantes de mon existence », expliquait-il dans ses mémoires[1].

1. Voir Daniel Wildenstein, Yves Stravidès, *Marchands d'art*, Plon, 1999.

Daniel Wildenstein a découvert l'hippisme dès l'âge de cinq ans, il montait les chevaux de son père à Maisons-Laffitte et écumait les champs de courses avec sa grand-mère. Il raconte même avoir appris à lire dans *Paris Sport*, l'ancêtre de *Paris Turf*. Avec ses chevaux, il avait un instinct extraordinaire, il ne se déplaçait jamais jusqu'à leur box faute de temps et pourtant il pouvait en parler comme s'il les avait vus la veille. L'homme dirigeait son écurie comme il dirigeait ses galeries, avec poigne et détermination. Il n'hésitait pas, lorsque l'un de ses cracks était blessé, à décréter froidement : « Envoyez-le à la boucherie », ce qui horrifiait Sylvia.

Un jour que l'un d'eux s'était cassé une jambe et que Daniel avait décidé qu'il fallait l'achever, l'ancien mannequin se fâcha : « Je te préviens, si tu le fais, je divorce ! » Ce dernier se plia à la volonté de sa femme, le cheval passa huit heures sur la table d'opération, reçut durant des mois des soins de rééducation, sans jamais retrouver toutes ses capacités.

Peu importaient les victoires : pour Sylvia, l'essentiel, c'étaient les chevaux. Elle les considérait comme ses « bébés », admettant qu'elle transférait ainsi son désir d'enfant insatisfait. Elle avait renoncé à la maternité par amour pour le milliardaire qui, déjà âgé, ne souhaitait pas fonder une nouvelle famille.

Ce fut donc une très belle surprise que fit Daniel à sa femme lorsqu'il décida dans les années 1980 de lui offrir sa propre écurie. Nous verrons par la suite comment ce cadeau pârticipera à la tragédie familiale.

En 1981, Daniel Wildenstein appelle l'entraîneur, Jean-Paul Gallorini : « J'ai trois chevaux à Chantilly, allez les voir. S'ils ne sont pas bons pour le boucher, essayez d'en faire quelque chose. » L'ancien jockey découvre *Néoménie*, une jument très laide, aux oreilles d'âne, au dos plat. Il n'est pas convaincu mais lorsqu'il la fait débuter quelques semaines plus tard à Dieppe, son jockey finit la course enthousiaste : « Monsieur, c'est un crack ! » Et c'en fut bel et bien un, à l'origine de la dynastie des chevaux de Sylvia Wildenstein.

Jean-Paul Gallorini, récompensé à onze reprises du titre de « meilleur entraîneur de France », devint un homme de confiance puis un ami de Sylvia. Il défendra sa toque verte jusqu'à la mort de cette dernière. Ensemble ils remporteront de nombreux prix et, grâce à ses chevaux, l'incorrigible dépensière gagnera beaucoup d'argent.

L'entraîneur apportera aussi de belles victoires à la casaque bleue de Daniel. En 2001, le propriétaire d'écurie fait un triplé gagnant, il remporte le prix de Diane, le Steeple-Chase et le prix du président de la République à Auteuil. « Ce n'est pas bon pour moi, ça me rapproche de la mort », dit-il à Jean-Paul Gallorini. Il sait qu'il souffre d'un cancer et qu'il n'en réchappera pas.

Durant l'été qui suit, le marchand d'art va se reposer à Vichy avec Sylvia. Il est affaibli, il ne sort guère de sa chambre, toujours veillé par sa femme. À leur retour à Paris, l'état de santé du milliardaire se dégrade. Il meurt le 23 octobre 2001 à Paris, à l'âge de quatre-vingt-quatre ans.

Sylvia a perdu l'homme de sa vie, celui qui la protégeait du monde, de l'inconnu, des obligations bassement matérielles et, peut-être pis encore, de la famille Wildenstein dans ce qu'elle a de plus brutal.

2. L'HÉRITAGE

Quelque temps avant sa mort, Daniel Wildenstein convoque ses deux fils et sa femme à l'hôtel particulier de la rue La Boétie. Derrière l'inestimable bureau ayant appartenu à Louis XV, il adresse à Guy et Alec des paroles aux accents de testament : « Je vous demande de bien vous occuper de Sylvia. Je veux qu'elle continue à vivre de la même façon qu'aujourd'hui. »

L'ancien mannequin n'a alors aucune inquiétude. Elle a toujours eu de très bons rapports avec ses beaux-fils, et voit régulièrement ses petits-enfants qu'elle gâte à son habitude, c'est-à-dire démesurément. Après quarante ans de vie commune avec le milliardaire, elle estime tout naturellement qu'elle est une Wildenstein et rien ne lui permet de penser le contraire.

La veille de son entrée en clinique, dans la voiture qui les ramène à leur domicile, Daniel rassure à nouveau sa femme : « Le lendemain de ma mort, deux avocats suisses viendront te voir pour arranger toutes les affaires. » Sylvia Wildenstein écoute, confiante. Son mari lui a déjà donné quelques papiers dont une liste de dix-neuf tableaux de Bonnard enregistrés dans un trust à son nom et qu'elle peut vendre en cas de problème financier. Daniel a précautionneusement annoté au crayon devant chacune de ces œuvres le prix que Sylvia peut en retirer, afin, dit-il en connaissance de cause, « qu'elle ne se fasse pas avoir ». Parmi ces tableaux, le fameux *Nu rose à la baignoire* qui trône dans le salon et dont l'ancien mannequin n'imagine pas un instant se séparer.

Sylvia ne se souviendra des recommandations sibyllines de son époux que bien plus tard. Sur le siège arrière de la Daimler où elle est assise pour la dernière fois à ses côtés, elle n'écoute que d'une oreille, préoccupée par l'état de santé de son mari.

Le lendemain, il est hospitalisé en urgence et tombe dans le coma. Dix longs jours au cours desquels toute la famille se presse à son chevet y compris, ce qui est moins classique, la multitude d'avocats et conseils fiscalistes français, suisses, et américains, au service du marchand d'art.

Éprouvée par le chagrin, Sylvia veille jour et nuit le malade, sans réaliser que ses deux beaux-fils ont déjà commencé à régler la succession de leur père.

Sitôt Daniel dans le coma, Guy et Alec cèdent les soixante-neuf chevaux de course de leur père au profit de la société écurie Wildenstein, dont le gérant n'est autre qu'Alec. Un tour de passe-passe validé par un contrat de vente signé officiellement par Daniel Wildenstein le 19 octobre 2001, quatre jours avant sa mort, alors qu'il est dans l'incapacité totale de tenir un stylo.

Ce n'est qu'un début.

L'enterrement de Daniel Wildenstein a lieu au cimetière de Montmartre en petit comité, comme le souhaitait le défunt si avare de publicité. Il faudra des années à Sylvia pour admettre, en se remémorant ce jour funeste, que les visages fermés de ses beaux-fils et leur attitude distante à son égard n'étaient peut-être pas seulement dus à un recueillement de circonstance.

Sylvia Wildenstein ne rencontrera jamais les fameux « avocats suisses » que son mari avait chargés à sa mort de « tout régler ». En revanche, trois semaines après les obsèques, Alec et Guy la convoquent à l'Institut pour régler quelques formalités.

Dans la voiture qui la mène au siège parisien de la dynastie des marchands d'art, Eduardo, le chauffeur attitré de Sylvia, lui fait part de ses inquiétudes. Il travaille pour elle depuis dix ans, il est devenu son homme de confiance et il sait que sa patronne n'est pas préparée à vivre sans Daniel. Depuis quelques jours, il sent que quelque chose se prépare chez les Wildenstein. Il entend les conversations des autres chauffeurs de la famille, il observe les va-et-vient des avocats fiscalistes, la froideur des deux fils.

— Faites attention, madame, ne signez rien, vous avez affaire à des requins.

— Mais non, ne vous inquiétez pas, ils vont s'occuper de tout, comme leur a demandé Daniel.

— Vous devriez tout de même avoir un avocat avec vous, ce n'est pas normal d'aller seule à un rendez-vous comme celui-ci.

Sylvia Wildenstein ne veut rien entendre, elle entre à l'Institut, confiante. Ce qui s'est passé par la suite, c'est elle-même qui me le racontera, attablée au restaurant de Longchamp : « Mes deux beaux-fils m'ont dit que mon mari était mort ruiné et je les ai crus. Ils m'ont dit qu'il fallait que je renonce à mon héritage, sinon je risquais d'avoir de gros problèmes avec les impôts en France. J'ai donc signé tous les papiers qu'ils m'ont présentés. J'ai signé, signé signé… »

Elle croise mon regard, devine mes pensées : « Vous vous dites que j'ai été conne, eh bien oui, j'ai été conne ! »

Dans les bureaux de l'Institut, elle signe des dizaines de documents sans même les lire. Certains sont rédigés en japonais, c'est le seul détail dont elle se souvienne. Elle renonce ainsi à la succession de son mari sans connaître les conséquences de cet acte, alors qu'elle est encore en plein deuil, très fragile sur le plan émotionnel.

Lorsqu'elle ressort de l'hôtel particulier, l'affaire est close. Sylvia n'est plus une Wildenstein que par le nom. Toute la fortune de son mari revient de plein droit à ses deux fils Alec et Guy, qui consentent à verser à leur belle-mère une rente de 30 000 euros par mois. Magnanimes, ils lui laissent également les bijoux que leur père lui a offerts, quelques meubles, ainsi que la jouissance de leur nouvel appartement qui donne de plain-pied sur le bois de Boulogne. Le couple l'avait choisi peu avant le décès de Daniel et avait prévu d'y vivre ensemble ses dernières années. Enfin, Sylvia conserve quelques chevaux enregistrés à son nom et qui concourent sous la toque verte de sa petite écurie.

30 000 euros par mois : la somme peut apparaître plus que confortable pour le commun des mortels, mais elle est largement insuffisante pour cette femme de milliardaire. Cette rente lui permet à peine de payer son personnel de maison : un jardinier, deux cuisinières et une femme de ménage qui travaillent à plein-temps à son domicile.

L'appartement de 600 m^2 qui a appartenu à la veuve de François Duvalier, le dictateur haïtien, coûte très cher en entretien, d'autant que Sylvia ne change rien à ses habitudes. Son fidèle chauffeur Eduardo la conduit toujours aux courses. Elle l'emmène avec elle lors de ses vacances en province, à Saint-Tropez ou à Monaco. Quant à sa générosité légendaire, elle n'a pas changé. La veuve invite ses amis à dîner, à voyager, dépense sans compter, comme elle l'a toujours fait pendant quarante ans.

Un courrier adressé à Sylvia Wildenstein quelques semaines plus tard par Jean-Luc Charretier, l'avocat de confiance de la famille, laisse transparaître le climat dans lequel ses deux beaux-fils l'ont convaincue sans peine de renoncer à son héritage : « La seule préoccupation d'Alec et de Guy est de te protéger car, en droit français, le conjoint est responsable des impôts du défunt. Le fisc est très agressif et, avec tous les juristes, nous faisons ce que nous pouvons pour résister à l'administration française. »

Cet aveu de défiance à l'égard du fisc hexagonal est d'autant plus étonnant que Jean-Luc Charretier, président du Polo de Paris, est un très bon citoyen français. C'est un notable au-dessus de tout soupçon et au carnet d'adresses étoffé, qui sera élevé à la dignité de commandeur de la Légion d'honneur sur demande d'Éric Woerth, le ministre du Budget, dont dépend l'administration fiscale, le 14 juillet 2008.

Un peu plus loin dans le même courrier, Jean-Luc Charretier précise : « Ce qui appartenait personnellement à Daniel Wildenstein appartient désormais personnellement à Alec Wildenstein et Guy Wildenstein. »

Ce n'est qu'au fil des mois que l'ancien mannequin prend conscience de l'erreur qu'elle a commise et surtout de la duplicité de ses beaux-fils. Ces derniers coupent les ponts avec elle, Sylvia ne sera plus jamais invitée dans les propriétés du Kenya et des îles Vierges. Lorsqu'elle se rend à New York, elle descend au Plaza, à quelques mètres de son ancien domicile, les portes de son hôtel particulier lui étant définitivement fermées. Guy Wildenstein le vendra sans même l'informer en 2008 pour 40 millions de dollars, scellant ainsi la fin du passé new-yorkais de son père et de sa belle-mère.

Alec et Guy se détournent d'elle sans lui fournir la moindre explication. Face à cette mise à l'écart, la veuve plie, silencieuse et résignée. Durant toute son existence, elle a donné une image joyeuse et insouciante d'elle-même ; là encore, elle ne déroge pas à la règle. Ses vacances se dérouleront désormais dans des villas de luxe de location, elle passera sous silence ses nouveaux rapports avec le clan Wildenstein et personne n'osera, par respect pour elle, aborder la question.

Sylvia ne perd pas pour autant ses habitudes dépensières, ce qui agace ses beaux-fils et particulièrement Guy. La considérant comme une pièce rapportée, ils ne vont guère la ménager. Ainsi, à peine leur père décédé, ils envoient les déménageurs de l'Institut dans l'appartement de l'avenue Montaigne, où habite toujours la veuve, pour décrocher et emporter le *Nu rose à la baignoire* de Bonnard. Le tableau disparaît pour des raisons de « taxes », ce sont en tout cas les vagues explications que l'on donne à Sylvia. Elle ne le reverra plus jamais.

Les deux frères vident entièrement l'appartement dont ils sont devenus propriétaires. Ils récupèrent certains meubles appartenant officiellement à la Wildenstein & Co. Inc. Sylvia laisse faire, elle a renoncé à son héritage, elle n'a plus vraiment le choix. Encore sous le coup de la mort de son mari, un événement va pourtant la sortir de sa torpeur.

Un matin, elle reçoit un appel de son entraîneur, Jean-Paul Gallorini, qui lui fait part de sa surprise. Il vient de lire les résultats des courses dans *Paris Turf*, et son écurie n'est plus au nom de « Madame Wildenstein ». Elle apparaît sous celui de la « Dayton Limited ».

L'ancien mannequin attrape le journal auquel elle est abonnée et le feuillette, fébrile. Elle n'en croit pas ses yeux. Effectivement, ses chevaux ne lui appartiennent plus de façon officielle. Son écurie porte désormais le nom d'une des sociétés des Wildenstein immatriculée en Irlande. Guy et Alec ont procédé à ce transfert près d'un an après la mort de leur père.

Dans le bureau encombré de coupes et de souvenirs de son haras de Maisons-Laffitte, Jean-Paul Gallorini juge aujourd'hui que cet épisode a une fois pour toutes changé le regard que portait Sylvia sur ses beaux-fils. Cet homme considéré comme l'un des plus grands entraîneurs de France a longtemps côtoyé les Wildenstein père et fils, sans jamais nouer avec eux d'autres liens que professionnels. « Nous ne sommes pas du même monde », plaisante-t-il. Cette distance salvatrice ne l'a pas empêcher d'observer les tensions familiales qui animaient le clan : « Je pense que Guy et Alec étaient jaloux de leur père. Ils rêvaient d'être aux commandes et Daniel les traitait comme des moins que rien. À sa mort, ils se sont vengés sur Sylvia qui n'avait pourtant rien à voir là-dedans. »

Des victoires remportées avec les Wildenstein, Jean-Paul Gallorini ne conserve que les souvenirs. Il a définitivement cessé de travailler pour Alec et Guy après avoir pris la défense de Sylvia lorsqu'ils tentèrent de la déposséder de ses chevaux. Les deux héritiers lui avaient demandé de choisir entre la toque verte et la toque bleue ; pour lui, ces deux couleurs étaient indissociables.

L'entraîneur est resté fidèle à Sylvia jusqu'à sa mort, même lorsqu'elle ne fut plus en mesure de payer l'entretien de son écurie. Il tenta de la convaincre comme bien d'autres d'abandonner les poursuites contre ses deux beaux-fils mais se rangea à sa décision. Sur cette « triste histoire », il conclut, définitif : « Le problème, c'est que Guy et Alec ont cru qu'elle était bête, qu'elle allait lâcher. Ils ne savaient pas qu'elle était têtue, tellement têtue. C'est ça qui les a perdu et qui l'a perdue elle aussi. »

Effectivement, la détermination et la colère de Sylvia étaient toujours intactes quand elle me relata cet épisode en 2009 : « Ils m'ont enlevé mes chevaux, mes bébés ! Vous vous rendez compte ! »

Pour l'ancien sergent de Tsahal, il n'y avait pas de pire trahison. Dès le lendemain de cette découverte, elle décida d'entrer en guerre contre ses deux beaux-fils, sans savoir qu'elle se lançait dans un combat aux conséquences désastreuses, pour elle comme pour les autres membres de la famille Wildenstein.

Afin de récupérer ses chevaux, Sylvia consulte plusieurs cabinets d'avocats. C'est dans ces circonstances qu'elle se rend un soir dans les bureaux de Claude Dumont-Beghi, une avocate qui habite la même résidence qu'elle dans le très chic 16e arrondissement de Paris, à deux pas du bois de Boulogne. Les deux femmes sont voisines, elles s'amusent de cette coïncidence. Entre elles, le courant passe immédiatement. Sylvia est séduite par cette avocate d'affaires pugnace et atypique qui a défendu les intérêts de la compagnie aérienne Air Gabon et qui s'est opposée avec succès à l'État gabonais, en obtenant, entre autres, la saisie d'un Boeing 747. L'ancienne actrice marche à l'affectif et Claude Dumont-Beghi la rassure, elle est moins intimidante que ces ténors du barreau peu à l'écoute de son désarroi.

« Claude, c'est une femme comme moi, c'est important, elle me comprend. En plus on est du même signe astrologique : Scorpion. Et ce qui est encore plus incroyable, c'est qu'elle est née le 23 octobre, le même jour que la mort de Daniel », me confiait-elle à Longchamp sous l'œil de son avocate un peu gênée par la spontanéité naïve de sa cliente.

Autant de signes qui, pour une superstitieuse comme Sylvia, valent tous les curriculum vitae ou les recommandations.

Ce soir-là, dans le cabinet immaculé de sa future avocate, Sylvia Wildenstein dépose sur le bureau les contrats de cession des quatre pur-sang que ses beaux-fils souhaitent lui faire signer.

Claude Dumont-Beghi les consulte attentivement. Cette femme au regard vif n'est pas une grande procédurière mais elle a une qualité : elle est extrêmement intuitive. Au fil de la conversation avec Sylvia, elle comprend que la question des chevaux qui l'oppose à ses deux beaux-fils cache une autre affaire bien plus importante. Mais lors de ce premier rendez-vous, elle n'a encore devant elle qu'une femme qui veut récupérer ses chevaux, ni plus ni moins.

Lorsque la veuve ressort du cabinet de Claude Dumont-Beghi, elle est conquise : c'est cette avocate qui défendra ses intérêts et peu importe si son entourage lui conseille de s'adresser à des cabinets de renom plus expérimentés. Son choix n'est pas classique car, dans ce type de procédure longue et coûteuse, il est plus habituel de s'entourer d'une équipe d'avocats. Claude Dumont-Beghi travaille seule, certes, mais Sylvia croit en elle. En joueuse invétérée, elle ne cessera de répéter au fil des ans et des rebondissements du dossier : « J'ai choisi mon avocate comme j'ai choisi mes chevaux, à l'instinct. »

Cette rencontre est pour Sylvia une révélation. Dans les jours qui suivent, elle prend peu à peu conscience de la situation de dépendance financière dans laquelle ses beaux-fils l'ont placée. Alors que Claude Dumont-Beghi pare au plus pressé et interrompt sans difficulté la cession des quatre pur-sang, Sylvia Wildenstein convient d'un nouveau rendez-vous avec elle.

Au cours de ce second entretien, la femme du milliardaire se sent en confiance, elle raconte ses doutes, les papiers signés dans la précipitation, l'héritage auquel elle a renoncé et surtout la mise à l'écart de la famille, les biens de son mari auxquels elle n'a plus accès. Claude Dumont-Beghi découvre au long de son récit l'ampleur de la fortune des Wildenstein, les propriétés, les tableaux, les chevaux. Sylvia a amené avec elle un document de quatre pages, le seul dont elle dispose concernant la succession de son époux. Cette fameuse lettre rédigée par Jean-Luc Charretier, l'avocat fiscaliste des Wildenstein, détaille le procédé par lequel la veuve est dépossédée de ses droits et devient dépendante du bon vouloir de ses deux beaux-fils pour assurer son train de vie[1].

À sa lecture, Claude Dumont-Beghi comprend qu'elle est face à une vaste affaire de spoliation d'héritage. Elle est particulièrement révoltée par le récit que lui livre sa cliente, par les arguments utilisés par ses deux beaux-fils pour la convaincre de renoncer aux biens de Daniel : « Ton mari est ruiné. »

1. Lettre de Jean-Luc Charretier du 3 décembre 2001.

L'avocate n'est pas étrangère au monde de l'art, sa mère était directrice de galerie et elle est intervenue dans la succession du sculpteur Armand. Sans être une grande spécialiste, elle connaît le nom des Wildenstein, leur poids sur le marché de l'art. Elle lit et relit la lettre de quatre pages, questionne encore sa cliente sur les conditions dans lesquelles elle a signé cette fameuse renonciation à ses droits d'héritière dont elle ne possède aujourd'hui aucune trace écrite. Claude Dumont-Beghi, abasourdie, constate que la femme du plus grand marchand d'art du XXe siècle est totalement tenue à l'écart de la fortune de son mari. Pire, elle ne dispose d'aucune information sur le patrimoine dont elle a profité durant toutes ces années aux côtés de Daniel Wildenstein : aucun acte de propriété, aucun relevé de compte en banque, pas d'inventaire de la succession.

Comment rétablir sa cliente dans ses droits alors qu'elle ne sait même pas sous quel régime elle s'est mariée ? Sylvia ne s'occupait de rien. Cependant, elle interroge sa mémoire. Elle se souvient de la cérémonie à New York que Daniel avait organisée après dix-sept ans de vie commune. Elle est formelle : aucun contrat de mariage n'avait été signé à cette occasion. Elle s'était d'ailleurs étonnée que le marchand d'art veuille l'épouser après tant d'années alors qu'elle-même n'en avait jamais émis l'idée. C'est « pour te protéger de mes enfants », lui avait-il répondu[1].

Sylvia, comme à son habitude, n'avait pas posé de questions.

1. Voir *L'affaire Wildenstein, histoire d'une spoliation*, Claude Dumont-Beghi, L'Archipel, 2012.

3. WILDENSTEIN, PÈRE ET FILS

Helmut Newton est l'un des plus grands photographes au monde. Rares sont ceux qui le contestent, mais s'il est une photo qui doit les convaincre de cette affirmation, c'est ce cliché noir et blanc de Daniel Wildenstein et de ses deux fils, pris à Paris en 1999. Il saisit l'instant magique, celui où les hommes se révèlent à travers leurs regards, leurs postures, celui où l'on voit poindre leur âme sans trop y croire, tant tout cela semble évident. Pour qui souhaite comprendre les rapports entre Daniel Wildenstein et ses fils, l'engrenage qui a conduit Guy et Alec à déposséder leur belle-mère, voilà une pièce à conviction redoutable.

Au premier plan, de trois quarts, Daniel en position de patriarche, le regard froid et dur encadré de lunettes cerclées de noir, les lèvres pincées, comme s'il se retenait d'invectiver le photographe ou de le sommer d'en finir. L'attitude de l'homme de pouvoir dont les yeux plongent dans l'objectif sans un doute, sûr de lui et de sa capacité à briser toute résistance à son bon vouloir.

Au deuxième et au troisième plan, alignés de gauche à droite derrière le père, Guy et Alec Wildenstein se tiennent comme en embuscade. Ils s'effacent respectueusement derrière le chef de famille mais leurs attitudes révèlent d'autres sentiments que la simple soumission filiale.

Guy porte le regard sur son père, le visage ne trahit aucune émotion, le menton un peu relevé donne à son personnage une allure hautaine et raide, on le sent attentif au chef de la dynastie, tant désireux de lui ressembler.

Au troisième plan, Alec semble ailleurs, presque craintif, peut-être du fait de son positionnement sur la photo, juste derrière son frère Guy, lui qui est pourtant le fils aîné. Ses yeux de biais sont tournés vers son frère, méfiants ? Dans cette situation de retrait, il semble poussé dans ses retranchements, prêt à bondir.

Le cliché d'Helmut Newton ne manque pas d'humour un peu moqueur, on croirait la photo de famille d'un clan mafieux tout droit sorti d'un film de Scorsese : les trois hommes portent des costumes noirs à pochettes blanches, celui d'Alec est à rayures. Seul le cadre en bois sculpté de ce que l'on devine être un tableau à l'extrême gauche de la photo renseigne sur l'activité de ces trois hommes inquiétants. À bien l'observer, une étrange sensation s'en dégage : sous le lustre de cristal qui se reflète dans un imposant miroir en arrière-fond, on se demande qui va être le premier à dégainer. L'un des fils pour tuer le père ou Daniel Wildenstein pour tuer le spectateur, ne laissant aucun témoin de cette féroce scène familiale.

Le clin d'œil facétieux et acéré d'Helmut Newton explique peut-être aujourd'hui que sa femme se soit opposée à l'utilisation de cette photo pour la couverture de ce livre, comme elle s'y était déjà opposée dans le cadre de l'un de mes documentaires sur l'affaire. Elle avait pourtant accepté sa diffusion en 2009 puis en 2010 afin d'illustrer une de mes enquêtes publiées dans un magazine mensuel[1]. June Newton n'a pas donné d'explication à ce refus, son droit moral est incontestable. Sans faire preuve de paranoïa, je me demande tout de même si la famille Wildenstein ne lui aurait pas demandé personnellement d'interdire la diffusion de ce cliché un peu trop impudique.

1. « L'histoire secrète du trésor des Wildenstein », Magali Serre, *GQ*, avril 2010.

« Pour te protéger de mes enfants. » Lorsque Daniel énonce cette phrase prémonitoire à Sylvia, il sait de quoi il parle : les rapports conflictuels avec le père sont une tradition familiale chez les Wildenstein.

Dans ses mémoires, le marchand d'art évoque le sien, Georges, dans ces termes : « Je dois dire que je n'ai jamais été un grand admirateur de papa. Peut-être même et surement pas assez, j'en conviens. Mon père a été un mauvais père. Et j'ai donc été un mauvais fils[1]. »

Autoritaire, froid, au mieux maladroit dans ses tentatives d'apprendre à Daniel les bases du métier, Georges Wildenstein ne parvint pas à nouer des liens apaisés avec son fils : toutes leurs relations tournaient au rapport de force. Parvenu à l'âge mûr, dans l'intimité du cercle familial et loin des déclarations publiques policées, Daniel Wildenstein exprimait une véritable haine pour ce géniteur à la personnalité écrasante. Son animosité confinait à l'obsession au point qu'à la mort de Georges, Daniel prit chaque année l'incroyable habitude de se rendre sur sa sépulture afin, dans ce qui ressemblait à une cérémonie cathartique, d'invectiver et d'insulter ce père tant aimé et détesté. À ceux de la famille qui s'interrogeaient sur les origines d'un tel ressentiment, Alec répondait

1. Voir Daniel Wildenstein, Yves Stravidès, *op. cit.*

d'un évasif « il vaut mieux ne pas en connaître les raisons ».

Daniel ne jurait que par son grand-père, Nathan, avec qui son père, comme par hasard, était en rupture totale, tant au niveau de ses goûts picturaux que de son mode de vie. Georges adorait les impressionnistes, Nathan n'aimait que les peintres du XVIIIe siècle. Le grand-père était un homme jovial et instinctif, le père un collectionneur austère et érudit.

Depuis la création de la première galerie Wildenstein en 1905 à Paris, de génération en génération, la figure du père, dominatrice et tyrannique, s'est perpétuée.

Commençons par Nathan, l'homme qui a érigé les fondations de l'empire, un « mythe » pour le reste de la famille.

Ce fils aîné d'un marchand de bestiaux alsacien quitta son village de Fegersheim pour Paris en 1871, ne supportant pas de vivre sous l'autorité allemande. Il ne retourna plus jamais dans sa région natale. Il avait sept frères et sœurs mais il assura toute sa vie à sa femme et ses enfants qu'il était fils unique. Ce mensonge, Nathan le soutiendra jusque dans la tombe, imposant déjà un épais mystère sur les origines des Wildenstein. Il s'épargnait ainsi une relation orageuse avec son père et des doléances pénibles d'une famille un peu trop encombrante.

L'histoire de la dynastie des Wildenstein commence donc sur une page blanche, à la fin du XIXe siècle.

Le premier chapitre décrit l'épopée d'un homme sans le sou et sans aucune culture artistique, qui entre par le plus grand des hasards dans le monde de l'art.

Nathan travaille à ces débuts en banlieue parisienne dans une boutique de tissus tenue par celui qui deviendra son beau-père. Un jour, une des clientes du magasin décide de lui confier un tableau. Il passe dix jours au Louvre pour « se faire l'œil » et négocie la toile avec succès. Le marché de l'art s'avère alors plein d'opportunités – les peintres du XVIIIe siècle n'ont pas encore suscité l'engouement qui suivra –, ils sont accessibles aux petits antiquaires. Nathan, par pragmatisme, plus que par passion, décide d'en faire sa vocation. Il réinvestit aussitôt le fruit de sa vente dans un Boucher et un Quentin de La Tour, dont il retire à nouveau de confortables bénéfices.

Nathan Wildenstein se spécialise dans les peintres du XVIIIe siècle, et leur restera fidèle toute sa vie. Grâce à eux, il réalise de très bonnes affaires et établit sa première galerie à Paris en 1881. Il ouvre ensuite une succursale à New York sur la 5e Avenue puis à Londres, avant d'acheter le fameux hôtel particulier dessiné par De Wailly, l'architecte de l'Odéon, au 57 rue La Boétie. Cette vitrine de la galerie Wildenstein lui permet de devenir l'un des quelques marchands français incontournables du début du XXe siècle, au même titre que Seligmann, Vollard, Odermatt ou Durand-Ruel.

Son fils, Georges, participera avec talent au développement de ce commerce lucratif mais son style différent, propre à son époque, l'opposera durablement à Nathan.

Enfant surdoué, Georges collectionne les cartes postales et les photos de tableaux. Adolescent studieux, il se passionne pour l'histoire de l'art. Jeune adulte, il s'intéresse aux impressionnistes qu'il fait entrer dans la galerie paternelle contre l'avis de son père. Georges Wildenstein est un collectionneur plus qu'un marchand, il aime l'art, ce qui lui vaut d'être un précurseur. Il suit de près les nouveaux mouvements artistiques, les surréalistes, les cubistes. Il fréquente assidûment Max Ernst, Breton, Masson, Leiris et surtout Dalí, dont il est très proche.

Juste après la Première Guerre mondiale, Georges a l'intelligence de s'allier un temps avec le marchand Paul Rosenberg et établit à ses côtés un contrat de quinze ans avec Picasso. Nathan exècre tant la peinture de l'artiste espagnol – une « horreur » – qu'il refuse que ses œuvres soient exposées dans sa galerie parisienne. Il préfère que son fils s'occupe d'une autre affaire à quelques pas de là, au 21 rue La Boétie, où il peut exposer ces tableaux cubistes sans que « l'œil » de Nathan en soit blessé.

La collaboration entre Paul Rosenberg et Georges Wildenstein prendra fin brutalement en 1932. Le premier récupéra l'ensemble des droits sur Picasso et nourrit une haine sourde à l'encontre de Georges et de sa famille, qui se perpétua auprès de ses descendants. Les causes de ce ressentiment tenace furent longtemps un sujet tabou chez les Rosenberg, jusqu'à ce que la petite-fille du marchand d'art, Anne Sinclair, révèle que sa grand-mère avait entretenu une liaison avec Georges Wildenstein au cours des années 1920[1].

Durant ces mêmes années, les « W » connaissent leurs premiers déboires avec la crise économique de 1929 qui les oblige à mettre leurs stocks en sommeil afin de mieux relancer les affaires une fois la tempête financière calmée. Le choix de Georges de conserver patiemment les tableaux de la galerie malgré la tourmente deviendra une des règles d'or de la dynastie.

Une autre crise, familiale celle-ci, secoue l'empire Wildenstein à la mort de Nathan en 1934.

1. *21, rue La Boétie*, Anne Sinclair, Grasset, 2012.

Sa fille aînée, Elizabeth, décrite avec une grande délicatesse par son neveu Daniel Wildenstein comme une femme « bête, laide et pimbêche », exige de récupérer la moitié des stocks de son père contre l'avis de son frère Georges. Le frère et la sœur mèneront l'affaire en justice pendant quatorze ans pour finalement trouver un compromis. Ce fut le premier épisode de l'histoire des successions conflictuelles de la famille.

Daniel fut initié dès son plus jeune âge au monde de l'art, son grand-père l'amenait au Louvre afin qu'il se « fasse l'œil » comme il le fit lui-même en d'autres temps. L'héritage est lourd : très vite, le jeune garçon est censé reconnaître les grands maîtres, distinguer les faux des vrais. Il côtoie les plus grands marchands d'art de l'époque tels que Durand-Ruel et Vollard. Âgé d'à peine dix-sept ans, son père le mandate pour des transactions, et lorsqu'il prend la tête de l'empire, c'est un homme formé auprès des meilleurs qui a eu le temps d'observer ce microcosme aux pratiques commerciales rugueuses.

Daniel fut celui qui transforma véritablement les galeries Wildenstein en une multinationale de l'art. Il sut saisir les occasions de son époque, profiter du nouvel intérêt du monde de la finance pour la peinture. Le marché s'envole, il en profite, s'amuse de l'engouement subit de ces « amateurs » pour des tableaux qu'il considère médiocres. Il suit le précepte de la famille sur lequel s'est bâtie sa fortune : « Audace dans l'achat, patience dans la vente. »

Daniel, à son tour, entretient des rapports distants avec ses enfants. Il estime qu'ils ne sont pas à la hauteur de la dynastie familiale et ne s'en cache pas. Dans ses mémoires, il fait à peine allusion à Guy et Alec qui, à l'âge mur, ont pourtant repris les rênes de l'empire. Jusqu'à la fin de sa vie, Daniel régnera sur la vie professionnelle de ses fils tel un despote, minimisant leur rôle, s'imposant à la galerie de New York comme le seul interlocuteur digne de ce nom lors des ventes importantes. En sa présence, ses fils ne peuvent que s'effacer, Daniel impose son expertise, ils acquiescent.

Les liens familiaux seront toujours ambigus, oscillant entre l'amour et la haine, le respect et le ressentiment. Daniel est parfois odieux, il n'hésite pas à rabaisser ses fils en public, à les traiter d'incapables. Durant leur jeunesse, il provoque en eux un sentiment de terreur, se moque particulièrement de Guy dont il ne supporte pas les échecs au polo et qu'il considère comme un fils à papa. Le patriarche se plaint de payer des fortunes pour entretenir l'équipe de son cadet et de lui procurer les meilleurs chevaux sans que celui-ci ne parvienne à gagner une compétition valable. Aux yeux de

Daniel, Guy a un grand défaut : il est très proche de sa mère. Un aveu de faiblesse impardonnable.

De là à penser, comme le font certains proches de la famille, qu'Alec et Guy ont voulu se venger indirectement de cette figure tutélaire du père en ne reconnaissant pas à leur belle-mère son statut d'épouse et de membre à part entière de la famille Wildenstein, il n'y a qu'un pas. Ce qui est certain, c'est que la plupart des professionnels du marché de l'art qui ont croisé Daniel et ses deux fils ne peuvent s'empêcher de les comparer. Presque systématiquement, ils vantent les qualités exceptionnelles du père, son œil d'expert, sa connaissance du monde de l'art, son érudition, alors qu'ils se montrent, au mieux, peu diserts sur les fils, au pire sans pitié : « Ils n'ont jamais été à la hauteur de Daniel. »

Guy Wildenstein est pourtant celui des héritiers qui, l'âge avançant, s'est le plus efforcé de représenter dignement la dynastie. Il a réalisé avec son père le catalogue critique de l'œuvre de David, a publié plusieurs ouvrages sur le peintre Albert Marquet. Installé à New York, il dirige la galerie comme l'ont fait ses ancêtres précédemment, avec discrétion et professionnalisme, conservant des liens privilégiés avec les grandes familles de collectionneurs qui préféraient, certes, Daniel Wildenstein à son fils, guindé et un peu snob, mais qui offrent encore leur confiance à cette institution centenaire.

Guy a soif de reconnaissance et de respectabilité. Ses ancêtres étaient des juifs alsaciens pauvres et anonymes, lui aime faire partie du cercle de la noblesse et de la haute bourgeoisie. Le polo est une excellente porte d'entrée dans ce milieu qu'il admire. Grâce à l'argent de son père, il finance à la fin des années 1970 en Grande-Bretagne l'équipe de polo des « Diables bleus » dans laquelle il joue avec le prince Charles. Dans les archives de la famille royale, on le voit photographié, bombant le torse, aux côtés du Prince qui deviendra par la suite le parrain de son fils.

L'entrée en politique de Guy n'est pas étrangère à cette volonté de compter parmi les « grands ». En cela, le fils cadet des Wildenstein se démarque de son père qui s'est toujours tenu à l'écart de Matignon et de l'Élysée.

Daniel entretenait même des rapports conflictuels avec la politique. Il nourrit durant toute sa vie une haine farouche à l'égard d'André Malraux qui s'était opposé à l'entrée de son père à l'Institut de France. Le ministre de la Culture réglait alors ses comptes : Georges avait eu l'outrecuidance dans l'entre-deux-guerres de dénoncer de quelle manière l'écrivain avait exporté du Cambodge des statuettes volées au temple d'Angkor. Il les avait retaillées pour les rendre méconnaissables ! Par la suite, le ministre l'accusa de corrompre ses fonctionnaires afin d'obtenir des autorisations de sorties du territoire pour de prestigieux tableaux. Daniel était de droite, mais cette affaire le fit détester le Général de Gaulle, au point qu'il nomma dans les années 1960 l'un de ses chevaux *Good bye Charlie*.

Daniel se méfiait des hommes politiques car il avait compris qu'ils pouvaient nuire à ses affaires. Guy Wildenstein, lui, a cru au contraire qu'il pouvait en tirer parti et, pourquoi pas, rejoindre le cercle du pouvoir.

À New York, il se lance donc discrètement en politique et remporte le mandat de conseiller de l'assemblée des Français de l'étranger. En 2005, il embrasse avec enthousiasme la candidature de Nicolas Sarkozy à la présidence de la République. Le « fils » Wildenstein est alors adhérent de l'UMP et, chose plus prestigieuse, membre du Premier Cercle des donateurs du parti.

Cette structure discrète créée sous l'impulsion de Nicolas Sarkozy est dédiée à la collecte de fonds auprès des grandes fortunes sur le modèle très américain des dîners de charité. Elle tient des assemblées périodiques dans des hôtels de luxe et organise sur invitation des soirées privées aux domiciles de riches personnalités. Le Premier Cercle rassemble les milieux d'affaires, la très grande bourgeoisie et la noblesse, pas étonnant donc qu'on y retrouve Guy Wildenstein. Il peut ainsi croiser la famille Bettencourt, Ernest-Antoine Seillière, François Pinault, David de Rothschild dont la famille est liée historiquement aux « W ».

Au Premier Cercle, il y a aussi beaucoup de banquiers installés pour la plupart hors de France, en Suisse, à Londres ou à Monaco[1] et auprès de qui Guy Wildenstein tire de bons conseils. Pour ces grands donateurs, cette organisation offre une occasion unique d'accéder au président de la République et au ministre du Budget Éric Woerth qui, très opportunément, est aussi trésorier de l'UMP.

Ce dernier admettait ainsi devant les policiers qui l'interrogeaient en juillet 2010, dans le cadre de l'affaire Bettencourt : « Je veille à ce qu'il y ait une reconnaissance politique de cet engagement financier. Il existe donc des rencontres périodiques, plusieurs par an, réunissant les donateurs [...] autour de responsables politiques. » Et pour ceux qui espèrent quelques arrangements avec le fisc – et ils sont nombreux parmi les membres du Premier Cercle – il est toujours possible de s'adresser directement au patron des impôts, Éric Woerth.

Afin de mettre plusieurs cordes à son arc, Guy Wildenstein participe également au club de réflexion Praxis, un think tank à tendance

1. Mediapart : « Argent de l'UMP : la liste secrète », 25 septembre 2012. Fabrice Arfi, Mathilde Mathieu, Karl Laske.

conservatrice qui se targue d'apporter des idées concrètes de réforme au gouvernement, notamment en matière fiscale. L'héritier y donne sans aucun doute des préconisations avisées. Juste après l'élection de François Hollande en mai 2012, deux célèbres personnalités de droite l'ont rallié : Jean-François Copé, ancien ministre du Budget, successeur d'Éric Woerth, et Claude Guéant, le ministre de l'Intérieur sous Nicolas Sarkozy.

Guy Wildenstein a rejoint la société des puissants et, au fil des ans, en a obtenu les qualités. Après avoir décroché dans un premier temps l'incontournable Légion d'honneur, il est distingué commandeur de la Légion d'honneur en 2009 grâce à ses « amis », Nicolas Sarkozy et Éric Woerth. Il ne manquait plus qu'à l'héritier de devenir académicien mais la vieille institution lui fermera ses portes. L'Académie des beaux-arts n'était pas prête à accepter à nouveau un Wildenstein après que Daniel eut utilisé son fauteuil à des fins toutes personnelles (voir chapitre 7).

Sylvia Wildenstein posait un regard sans concession sur ses beaux-fils qu'elle décrivait comme « snob et radins ». Devant un public conquis à sa cause, elle ne manquait pas une occasion de raconter comment le richissime Guy poussait l'avarice jusqu'à demander à son chauffeur de faire trente kilomètres de plus afin de payer moins cher le plein d'essence. Elle pensait foncièrement que ce dernier était celui de ses deux beaux-fils qui avait décidé de la destituer de son héritage, qui la poursuivait de sa haine, Alec ne faisant que suivre les décisions de son frère.

Sans aucun doute, Alec est très différent de son cadet.

Physiquement tout d'abord, il est grand, imposant et un peu bourru alors que Guy est petit, effacé et discret. Alec a été formé à l'école de Georges, qui lui fit écumer les musées dès l'âge de huit ans. À New York, il se montra assidu à la galerie, se levant à l'aube comme son père et son grand-père. Alec semblait intéressé par l'art jusqu'à ce que, peu à peu, il délaisse les affaires et la gestion de la galerie au profit de Guy, préférant les parties de chasse dans la propriété familiale du Kenya et surtout la gestion de l'illustre écurie Wildenstein. L'aîné des Wildenstein a hérité de son père la passion des chevaux, ce qui lui aurait valu d'être le préféré de Daniel. En 2008, on le voit dans un reportage télévisé[1] consacré aux grands patrons d'écurie, épluchant attentivement les journaux hippiques du jour comme le firent son père et son grand-père, racontant avec ferveur son goût immodéré des courses. Déjà malade, il mourra quelques mois plus tard salué unanimement par le cercle

1. *Zone interdite*, M6, 2008.

hippique, même si beaucoup regrettaient son incorrigible comportement de mauvais perdant, trait de caractère qu'il partageait avec son père.

Sur ce dernier point, le milieu des courses ne manque pas d'anecdotes. Ainsi, Alec n'hésitait pas à invectiver ses entraîneurs, ses jockeys, lorsqu'il estimait qu'ils avaient commis une erreur. Qu'il s'agisse parfois de stars du hippisme n'y changeait rien. En 2004, au derby d'Epsom, après la défaite de son cheval *Vallée Enchantée* et alors qu'un journaliste lui suggérait que son entraîneur Dominique Bœuf avait été malchanceux, il rétorqua : « Nous n'avons pas été malchanceux. *Vallée Enchantée* a été montée par un abruti qui n'a pas suivi les instructions[1]. »

Malgré son mauvais caractère dans la défaite, Alec connut de grandes victoires à la tête de l'écurie Wildenstein. Il remporta la Gold Cup en 2005 avec *Westerner* se rappelant, ému, son père qui lui parlait tant de ce prix lorsqu'il était petit garçon. Sous l'égide d'Alec, l'écurie gagna environ 15 millions d'euros dans des courses de plat et de sauts, sans compter la fortune que rapportèrent ses cent cinquante chevaux – pour certains, de grands reproducteurs. L'aîné des Wildenstein était un spécialiste dans l'achat des poulains d'un an, imbattable sur les croisements et les pedigrees de chacun.

1. *The Independant*, 15 mars 2013.

Alec était le plus proche de son père, peut-être aussi parce qu'il partagea avec lui, dès son plus jeune âge, une part de son intimité. Dès l'âge de quinze ans, alors que son frère n'était encore qu'un enfant, son père l'emmenait « voir les filles » dans l'établissement de « Madame Claude » – « une bonne amie », disait-il de la célèbre mère maquerelle. Cette anecdote est révélatrice des rapports endogènes qu'entretient Daniel avec ses fils. Ils vivent dans les mêmes maisons, partent en vacances ensemble. Le patriarche décide de tout. Il poussera ainsi Alec à ne pas faire d'études universitaires, estimant qu'il était plus utile qu'il se forme sur le tas à la galerie.

Plus chaleureux, beaucoup moins raide que son frère, Alec était aussi moins discret que le reste de la famille. Déjà en 1985, il s'affichait dans un reportage du journal télévisé de TF1 intitulé « Les milliardaires du Fouquet's » où, dans le célèbre restaurant parisien, devant un gâteau en forme de lingot d'or, il témoignait en smoking et nœud papillon, un brin d'ironie au coin des lèvres, de sa dure existence d'héritier : « C'est une vie très compliquée, ce n'est pas suffisant d'être milliardaire, il faut le rester. »

Alec Wildenstein, contrairement à Guy, fit plus d'une fois les gros titres de la presse people à l'occasion, entre autres, de son divorce houleux en 1997 avec Jocelyn Wildenstein.

Il faut s'arrêter sur cet épisode de la vie d'Alec car il renseigne à l'époque sur ce qui deviendra une attitude systématique des Wildenstein à l'égard de leurs épouses, belles-sœurs ou belles-mères : la volonté délibérée et organisée de les mettre à l'écart du patrimoine familial.

Le couple s'est rencontré au Kenya puis a vécu vingt ans ensemble, séjournant régulièrement dans la propriété africaine de la famille. Jocelyn et Alec avaient en commun d'adorer la chasse. Ils la pratiquaient régulièrement en Afrique, mais aussi en France, sur les terres de grands propriétaires. La chasse fut un moyen pour Alec de cultiver à sa façon son réseau de collectionneurs fortunés et de décideurs. Fusil en bandoulière, il croisa ainsi plus d'une fois la route de Valéry Giscard d'Estaing.

Le reste du temps, le couple vivait dans leur immense appartement du 64th East Street Townhouse à Manhattan. Ils eurent deux enfants, Alec Jr et Diane, avant que leur relation se dégrade.

Jocelyn, une belle femme à la stature de mannequin, entama de lourdes opérations de chirurgie esthétique afin de plaire à son mari qu'elle sentait s'éloigner d'elle. Alec aimait les félins, elle voulut ressembler à un chat et finit surtout par se défigurer au point d'être surnommée « la fiancée de Wildenstein » (en référence à l'ouvrage *La Fiancée de Frankenstein*).

Leur histoire passionnelle s'arrête définitivement le 3 septembre 1997 à New York lorsque Jocelyn, rentrée à l'improviste au domicile conjugal, surprend son mari au lit avec une jeune femme russe de dix-neuf ans. Le milliardaire, excédé, la menace d'un pistolet et finit sa nuit au poste. Il en ressortira au petit matin, blême, sous les flashs des paparazzi.

C'est ainsi que débute une procédure de divorce de plus de deux ans dont la presse américaine va se délecter, étalant sur la place publique leur relation tumultueuse, et surtout révélant pour la première fois les pratiques fiscales très particulières du milliardaire et de sa famille.

Jocelyn demande alors une pension de 225 000 dollars par mois et une avance de 50 millions de dollars au titre du partage de leur maison du 64th East Street Townhouse. Les conseils d'Alec utilisent une stratégie étonnante pour contrer ces exigences : ils affirment que le fils du milliardaire travaille gratuitement à la galerie Wildenstein, et n'est qu'un « assistant non rémunéré de son père Daniel[1] ». Le pauvre rejeton de l'un des plus grands marchands d'art au monde ne dispose d'ailleurs que de 75 000 dollars sur son compte en banque !

1. *The Great American Tax Dodge*, Donald L. Barlett, James B. Steele, Thorndike Press, 2001.

Le juge de la Cour suprême, Marylin G. Diamond, devant qui se déroulent les hostilités, cache difficilement son agacement : « Cette affirmation est une insulte à l'intelligence de la cour et un affront au sens commun. » Voilà des mois que Jocelyn apporte au juge les preuves du train de vie sans limites qu'elle a mené durant toutes ces années aux côtés d'Alec : le couple retirait mensuellement 200 000 à 250 000 dollars de son compte en banque de Manhattan pour ses frais courants, il dépensait depuis vingt ans des millions pour l'entretien du château de Marienthal et du ranch au Kenya.

Elle liste avec ses avocats les dépenses effectuées rien que pour leur personnel new-yorkais : 48 000 dollars par an pour la femme de chambre, autant pour l'employé de maison en charge des chiens, 60 000 dollars pour le maître d'hôtel et le chauffeur, 84 000 pour un chef cuisinier, 102 000 pour un assistant comme pour la secrétaire.

Il y a aussi tous les frais du quotidien. Chez les Wildenstein, il faut compter annuellement 547 000 dollars pour les frais de bouche, 36 000 dollars pour le pressing, 60 000 dollars pour les fleurs, 82 000 dollars pour les bijoux et les fourrures sans oublier toutes les dépenses en vétérinaires, manteaux pour chiens et nourritures pour animaux nécessaires au bien-être de leurs petits compagnons : 60 000 dollars.

Vous en demandez encore ? Alors, parlons des frais « exceptionnels » de Jocelyn qui, au fil des ans, a accumulé pour près de 10 millions de dollars de bijoux, dont un diamant de 30 carats. Afin d'assister à ces soirées mondaines, elle dépensait chaque année plus de 800 000 dollars en vêtements et accessoires – elle reconnut ainsi avoir acheté une tenue Chanel à 350 000 dollars.

Malgré tout, Alec affirme devant la justice qu'il est un homme modeste. Cette attitude aurait pu faire sourire s'il ne s'agissait que d'une bataille familiale mais ce divorce révélait un élément beaucoup plus inquiétant : le fisc américain avait été trompé par Alec Wildenstein.

Alors que les pièces communiquées au juge démontrent qu'en 1995 et 1996, le couple a dépensé plus de 25 millions de dollars, il s'avère que dans le même temps il ne payait aucun impôt aux États-Unis. Pire, en vingt ans de vie commune, Alec et Jocelyn n'ont en fait jamais rempli de déclaration. Pour toute explication, le fils aîné des Wildenstein explique, par l'intermédiaire de son brillant et onéreux avocat new-yorkais Raoul L. Felder, spécialiste des divorces (lui-même ne se présentera jamais en personne aux audiences), qu'il n'est pas résident américain, qu'il dispose d'un passeport suisse et qu'il ne fait que visiter le pays, lui qui pourtant vit et travaille à plein-temps pour la société Wildenstein and Co. Inc. domiciliée à deux pas de sa maison, lui enfin dont les enfants sont scolarisés à New York et dont les factures de téléphone, de pressing, de restaurant, prouvent sans conteste sa résidence américaine.

Comment Alec Wildenstein a-t-il pu passer au travers des contrôles du fisc américain ? Mes confrères ont largement détaillé dans leur ouvrage[1] la façon dont, aux États-Unis, les riches n'étaient pas traités de la même façon que les citoyens ordinaires en matière d'impôt et bénéficiaient, il y a encore peu de temps, du manque de moyens de l'IRS, le fisc national.

Les affidavits de Jocelyn déposés à l'occasion de la procédure de divorce révèlent que Daniel contrôlait la plupart des capitaux de la dynastie. Les factures étaient réglées par un réseau mystérieux de sociétés et de comptes. « J'ai appris qu'aucune des affaires et des propriétés de la famille, y compris les propriétés utilisées exclusivement par mon mari et moi-même, n'est au nom de mon époux. Sur le papier, tout appartient à mon vieux beau-père ou à des sociétés étrangères[2] », expliquait alors la femme d'Alec à la justice new-yorkaise.

1. Donald L. Barlett, James B. Steele, *op. cit.*

2. *Vanity Fair*, Suzanna Andrews, « Bitter Spoils », mars 1998.

Cette affaire est d'autant plus intéressante qu'elle nous enseigne qu'un membre de la famille Wildenstein affirmait déjà en 1997 avec aplomb ne disposer d'aucun revenu. Et pour la première fois on apprenait l'existence de ces « sociétés étrangères » très utiles en cas de divorce ou de contrôle du fisc.

Alec Wildenstein sentit que le vent de la justice ne tournait pas en sa faveur, il quitta le territoire des États-Unis. Le juge fut excédé par ses absences, son attitude de déni et par les preuves flagrantes de fraudes fiscales. Il le fit vertement savoir à son avocat : « Vous allez avoir de sérieux problèmes. Il y aura potentiellement de sérieux problèmes fiscaux si certains continuent à tenir de telles positions. Faites bien attention. »

Les menaces furent mises à exécution, le juge communiqua les éléments aux impôts et Alec fut poursuivi pour fraude fiscale. Il dut se résoudre des années durant à ne plus se rendre aux États-Unis sous peine d'être interpellé et emprisonné.

Ce qui n'était au départ qu'une simple affaire de divorce tournait à la catastrophe pour le clan Wildenstein. Afin, entre autres, que les déboires d'Alec n'amènent pas les agents des impôts à s'intéresser de plus près aux activités du reste de la famille, le patriarche fit spécialement le déplacement à New York pour clore d'une signature ce divorce désastreux. Daniel Wildenstein sut prendre la décision qui s'imposait : les deux parties passèrent un accord à l'amiable, Jocelyn reçut un très gros chèque. Le prix de son silence.

Aujourd'hui encore, le montant des indemnités compensatoires de la « femme-chat » est gardé secret, elle ne fait aucun commentaire sur les conditions de sa séparation. Au téléphone, depuis Los Angeles où elle réside désormais, elle s'excuse presque. Oui, elle en sait beaucoup sur les Wildenstein mais elle est malheureusement astreinte à une clause de confidentialité. Le couvercle s'est refermé, Jocelyn ne parlera plus.

4. L'INVENTAIRE

Daniel Wildenstein et ses fils n'aiment pas payer leurs impôts : ils recourent à tous les moyens pour s'en acquitter le moins possible, quitte à subir de temps à autre les foudres de l'administration fiscale.

Ne pas payer ses impôts, ça ne s'improvise pas. Les « W » se sont organisés depuis des décennies pour rendre leur patrimoine invisible aux yeux des États et de leurs détracteurs. Ils utilisent les outils de la finance mondiale avec brio grâce à une armée d'avocats fiscalistes, de conseils, de notaires, installés à New York, à Paris, Londres, Zurich, Genève ou encore dans les paradis fiscaux comme les Bahamas, les îles Vierges ou Guernesey.

Cette organisation opaque du patrimoine familial n'est pas étrangère au type de commerce auquel les Wildenstein s'adonnent depuis des générations.

Un bon marchand d'art est très discret sur ce dont il dispose, l'état de ses stocks, les œuvres qu'il acquiert ou qu'il vend. Daniel Wildenstein appliquait ce principe à la lettre car il avait compris l'essence même de son métier. « Le stock, c'est le nerf de la guerre. Pourquoi ? Parce que c'est du rêve. Tout marchand d'art se doit d'entretenir l'illusion des chefs-d'œuvre qu'il détient ou qu'il ne détient pas. Son stock doit être mythique et mystérieux afin de faire réfléchir le client qui va faire un achat ailleurs. Qu'il se dise : du calme. Pas de précipitation. Wildenstein a sûrement mieux que ça[1]... »

Ce culte du secret est si ancré dans leur histoire que les Wildenstein eux-mêmes peuvent perdre la trace de ce qu'ils possèdent. « Il y a des tableaux que je n'ai jamais vus et que mon arrière-grand-père a achetés », racontait Alec en 1998. « Ils sont dans des chambres fortes, dans des endroits incroyables au milieu d'autres objets. Parfois j'y vais et je les redécouvre. Il n'y a pas très longtemps, on a retrouvé une sculpture que mon père pensait perdue depuis que mon arrière-grand-père était mort[2]. »

1. D. Wildenstein, Y. Stravidès, *op. cit.*
2. *Vanity Fair*, Suzanna Andrews, *op. cit.*

Créer le mystère, le cultiver, cela vaut pour les galeries comme pour le patrimoine de la famille – la frontière entre les deux est très ténue. Existe-t-elle vraiment ?

Dans ce système clanique qui s'est perpétué au cours du XXe siècle, Alec et Guy Wildenstein ont oublié une règle que leurs aïeux avaient toujours respectée : s'assurer que tous les membres de la tribu trouvent leur intérêt à se taire, qu'ils ne se sentent en aucun cas lésés sous risque de rompre le pacte du secret. En dénigrant les droits de certaines femmes de la famille – Jocelyn, puis Sylvia et enfin, comme nous le verrons par la suite, la seconde femme d'Alec, Liouba Stoupakova –, Alec et Guy ont ouvert une brèche dans ce régime d'opacité organisée. Et s'ils ont obtenu le silence de Jocelyn grâce à leur père qui avait su être généreux au bon moment, avec Sylvia puis Liouba, leur orgueil va les mener à la berezina. Au grand bénéfice du fisc français.

Au printemps 2003, c'est avec pour tout élément les quelques souvenirs de Sylvia Wildenstein et la lettre de quatre pages de Jean-Luc Charretier qui expose les conditions de sa renonciation à son héritage que Claude Dumont-Beghi décide de saisir la justice pour rétablir sa cliente dans ses droits d'épouse. En acceptant le dossier de cette succession houleuse, elle s'engage dans un combat de près de dix ans qui prend rapidement des tonalités toutes personnelles.

L'avocate fait de cette bataille une question de principe, c'est ce qu'elle ne cessera par la suite de répéter dans les médias. Elle impose son style particulier et donne à cette procédure judiciaire des relents de guerre contre le machisme. Comme sa cliente, elle est une femme qui a souffert plus d'une fois de la misogynie des hommes de pouvoir. Elle exècre les deux beaux-fils de Sylvia tout comme leurs conseils choisis parmi les ténors du barreau de Paris : des hommes sans exception qui la prennent de haut et contestent systématiquement ses compétences d'avocate.

Il est vrai que Guy et Alec Wildenstein, par l'intermédiaire de leurs avocats, font preuve d'une arrogance propre aux hommes riches et bien nés. Déconnectés depuis le plus jeune âge des réalités matérielles, ils sont convaincus qu'ils sont intouchables. Ils sous-estiment leur adversaire, pensent qu'elle suit les mêmes motivations que n'importe quel avocat. Ils négligent la personnalité singulière de Claude Dumont-Beghi. Cette dernière ne fait pas partie du sérail, et n'hésite donc pas à suivre une tout autre voie que celle de ses confrères souvent peu aventureux. L'avocate est un électron libre impossible à manipuler et à anticiper. Une fois lancée dans la bataille, elle va se transformer en bombe atomique aux retombées destructrices imprévisibles.

Dès la première tentative de Claude Dumont-Beghi d'obtenir les documents signés par sa cliente, les preuves de sa renonciation à la succession, elle se heurte de la part de Jean-Luc Charretier à une fin de non-recevoir. La première d'une longue liste. Afin de reconstituer pièce par pièce la situation matrimoniale de sa cliente, elle doit batailler, multiplier les référés et les constats d'huissier. Un travail laborieux car tous les éléments de la succession – dont le dossier va se révéler tentaculaire –, lui sont automatiquement cachés par ses adversaires.

Au cours des premiers mois de la procédure, l'avocate de l'ex-milliardaire pense pouvoir trouver un accord à l'amiable entre sa cliente et ses deux beaux-fils. Elle encourage la veuve à leur demander des explications. Près de deux ans après la mort de son époux, Sylvia prend donc sa plume et écrit une lettre à la fois triste et amère :

S'il est une chose dont je suis certaine c'est que jamais votre père n'aurait acquiescé à votre comportement absent de toute considération et respect vis-à-vis de moi. Je suis choquée par votre parfaite désinvolture et désintérêt qui sont très éloignés des valeurs morales de la famille Wildenstein. […] Je n'ai pas obtenu de votre part des explications ni la copie des documents que vous m'avez fait signer au moment du décès de votre père alors même que je n'en saisissais ni la portée ni leurs conséquences financières[1].

La réponse de Guy Wildenstein arrive deux jours plus tard[2] :

Il est particulièrement injuste et il n'est pas vrai de nous dire aujourd'hui que nous aurions Alec et moi fait preuve de « désinvolture » et de « désintérêt » à ton égard alors que bien au contraire, dès le lendemain de la mort de papa, notre premier souci a été de te protéger de la catastrophe qui te menaçait après le drame qui venait de nous frapper.

De quelle catastrophe s'agit-il ? L'explication se trouve un peu plus loin :

Il était envisagé par les impôts une procédure pénale contre Daniel et toi : qu'aurais-tu fait devant un juge d'instruction [...] ? Nous t'avons conseillé de renoncer à la succession afin que tu ne soies pas inquiétée.

1. Lettre de Sylvia Wildenstein du 4 août 2003 adressée à Alec et Guy Wildenstein.

2. Lettre de Guy Wildenstein adressée à Sylvia Wildenstein le 6 août 2003.

Le milliardaire n'était donc pas ruiné comme l'ont affirmé dans un premier temps les fils Wildenstein, il faisait en réalité l'objet d'un contrôle fiscal. Guy et Alec agitent la peur des impôts pour justifier leur attitude à l'égard de leur belle-mère. Ils lui font renoncer à des millions pour tout simplement la protéger de l'administration française !

Claude Dumont-Beghi trouve l'argument un peu court, il lui donne un avant-goût des pratiques fiscales de la famille. Le redressement auquel Guy Wildenstein fait référence dans son courrier est le fruit d'une longue enquête débutée par le fisc en 1999 sur les revenus de Daniel Wildenstein.

Le rapport réalisé en 2001 par la direction nationale des vérifications de situations fiscales est accablant pour le milliardaire. Il mérite qu'on s'y attarde tant les déclarations de Daniel Wildenstein, scrutées ensuite à la loupe, sont un cas d'école en matière de mauvaise foi.

Le marchand plaide depuis le début de son contrôle en 1999 qu'il n'est pas résident français et que ses revenus se résument à ses maigres indemnités académiques versées par l'Institut de France, qu'il a d'ailleurs consciencieusement déclarées. En tout et pour tout, 2 034 euros pour l'année 1996, 1 888 euros en 1997 et 1 592 euros en 1998.

Aucune trace des revenus tirés de son activité de marchand d'art et de patron d'écurie.

Pendant deux ans, les fonctionnaires du fisc épluchent les comptes bancaires français et étrangers du milliardaire, étudient son train de vie, déposent des demandes d'entraide judiciaires aux États-Unis, en Grande-Bretagne, en Argentine et en Suisse. Ils listent ses biens immobiliers en France, ses voitures, son personnel de maison. Ce qu'ils découvrent est en totale inadéquation avec les déclarations de Daniel Wildenstein et de son avocat. Dans un courrier, l'un des agents des impôts note : « L'analyse des relevés de comptes financiers connus du service fait apparaître une discordance importante entre le total des crédits s'y trouvant portés et le montant des revenus bruts déclarés par M. et Mme Wildenstein au titre de chacune des années vérifiées. »

L'homme qui soutient ne gagner qu'un peu plus de 2 000 euros par an reçoit chaque mois des virements substantiels. Pour la seule année 1996, les comptes français de Daniel Wildenstein ont été crédités par des transferts de près de 6 millions d'euros provenant essentiellement de comptes suisses anonymes. Les demandes de justifications répétées des services fiscaux auprès du conseil du milliardaire afin d'amener les preuves du caractère non imposable de ces virements resteront lettre morte. L'avocat du patriarche essayera d'ailleurs de jouer la montre, répondant systématiquement absent aux demandes d'entretien de l'inspecteur des impôts, arguant de son agenda chargé, du choix inadapté des dates de rendez-vous.

Quant à l'argument du milliardaire qui consiste à affirmer qu'il n'est pas résident français et que son domicile principal se situe en Suisse, il sera rapidement contredit par les autorités fiscales helvétiques. En novembre 2000, ces dernières répondent en ces termes à la demande d'information de l'administration française : « M. et Mme Wildenstein ne sont pas imposés en République helvétique selon un régime forfaitaire au sens de la convention franco-helvétique. »

La Suisse est un havre de paix pour les grandes fortunes mais pour en profiter, il faut payer. Or le milliardaire n'a pas pensé, ou n'a pas voulu, s'acquitter du fameux forfait suisse qui lui aurait permis d'être considéré comme résident du pays. Ces quelques dizaines de milliers d'euros vont lui coûter très cher, d'autant que les contrôleurs français ont accumulé les preuves à son encontre. Ils se sont procuré les relevés de ses factures de téléphone et d'électricité de l'avenue Montaigne. Elles démontrent sans l'ombre d'un doute que le couple habite la plupart du temps à Paris.

L'avocat du milliardaire conteste la procédure, multiplie les recours malgré les preuves flagrantes de fraude. Après tout, cela a déjà marché : lors d'un précédent contrôle sur ses déclarations de 1968 à 1972, le Conseil d'État avait annulé le redressement du marchand d'art pour vice de procédure. À l'époque, Daniel avait déjà fait état d'une domiciliation en Suisse alors que les services fiscaux avaient conclu à une résidence en France.

Cependant, cette fois-ci, le milliardaire ne peut plus y échapper. Peu avant sa mort, un redressement de 10 millions et demi d'euros lui est notifié, dont les pénalités de 3 millions et demi d'euros seront ramenées, après transaction, à 738 000 euros, à la condition que sa veuve s'acquitte enfin des impôts sur le revenu principal du couple.

Le montant des pénalités fait sourire lorsque l'on connaît le train de vie du couple Wildenstein et que l'on comprend que, durant des années (il se déclarait déjà résident suisse en 1970), Daniel Wildenstein n'a pas payé d'impôts en France.

Quelques centaines de milliers d'euros, cela ne ruine pas un milliardaire et cette somme, modique au regard des montants qu'il a dissimulés si longtemps, ne justifie en aucun cas de faire renoncer Sylvia à son héritage. Car si la veuve est solidaire des dettes fiscales de son époux, elle doit aussi hériter d'une partie de sa fortune dont il est bon de rappeler qu'elle s'élèverait à plusieurs milliards d'euros.

Claude Dumont-Beghi n'est pas au bout de ses surprises. Ce redressement fiscal signifié à leur père n'a pas découragé Guy et Alec de mentir à nouveau aux agents des impôts à l'occasion du décès du patriarche.

Après bien des efforts, l'avocate a obtenu un document essentiel : l'inventaire de succession du marchand d'art établi en avril 2002. Il liste théoriquement l'ensemble des biens du milliardaire, en France comme à l'étranger. Ainsi l'exige la loi : même si certains des biens du défunt ne sont a priori pas imposables, ils doivent tous être déclarés en France au moment de la succession. Ces actifs, ce sont les propriétés de Daniel, ses appartements, mais aussi ses biens mobiliers tels que les tableaux, les chevaux, les comptes en banque, les actions de ses sociétés et tous les autres outils financiers utilisés à l'étranger ou dans l'Hexagone. Les trusts et les fondations d'origine anglo-saxonne entrent donc dans ce périmètre.

Pourtant, l'inventaire établi par les notaires des Wildenstein frôle l'indigence.

Il ne compte que dix-neuf pages et se limite au strict minimum : l'appartement de l'avenue Montaigne, la société civile immobilière du château de famille de Marienthal, les parts de la SCI écurie Wildenstein et le solde obtenu grâce à la cession des soixante-neuf chevaux du milliardaire à ses fils durant son coma. Il y a également les comptes en banque français et suisses du marchand d'art qui ont déjà été identifiés par le fisc au cours de leurs contrôles.

Au total, 54 millions d'euros d'actifs sont déclarés aux impôts. Le document est signé de la main même d'Alec Wildenstein. De cette déclaration découle le montant des droits de succession que doivent payer les deux fils : dix-sept millions d'euros, dont ils s'acquittent aisément en donnant à l'État sept bas-reliefs sculptés par Pierre Julien pour la laiterie de la reine Marie-Antoinette à Rambouillet.

Derrière le bureau de verre de son cabinet aux murs blancs décorés de quelques œuvres contemporaines, l'avocate de Sylvia Wildenstein se redresse nerveusement sur son fauteuil à l'évocation de cet inventaire. En ce printemps 2009, je rencontre pour la première fois celle qui est à l'origine de « l'affaire Wildenstein » – bien d'autres rendez-vous suivront. Cet entretien n'est pas le fruit du hasard. Depuis quelques semaines, Claude Dumont-Beghi a décidé de médiatiser son dossier sur lequel elle a connu des victoires mais qui, depuis quelques mois, est au point mort. Lorsqu'elle aborde la somme finale déclarée par les deux fils Wildenstein aux autorités françaises, sa voix se teinte d'une pointe de dramatisation – la plaidoirie n'est jamais loin. « 54 millions d'euros, cela peut paraître beaucoup pour un citoyen normal, mais c'est une plaisanterie au regard de la fortune internationale des Wildenstein », ironise-t-elle.

Ce qui exaspère particulièrement Claude Dumont-Beghi ce sont les pages 3, 4 et 5 du document où figure la liste des tableaux du patriarche. On y dénombre une vingtaine d'œuvres dont quelques toiles de maître : deux Monet, un Poussin, un Renoir, un David, un Manet, un Gauguin.

Une belle collection pour un amateur, une « plaisanterie » pour Daniel Wildenstein.

Que les fils de celui qui fut considéré comme le plus grand marchand d'art du XXe siècle puissent affirmer avec aplomb aux côtés de leurs très respectables conseils suisses, américains, britanniques et français, que Daniel Wildenstein possédait moins d'une vingtaine de tableaux de son vivant, ne traduirait-il pas le sentiment d'impunité des deux héritiers à l'égard de toute autorité ? Comme on dit communément, « plus c'est gros, plus ça passe ».

Il suffit de se pencher un instant sur le commerce florissant de la dynastie des marchands d'art pour se demander si cet inventaire n'est pas un véritable pied de nez aux autorités françaises.

Daniel Wildenstein, non content d'hériter des galeries de ses ancêtres, développa un instinct extraordinaire qui lui permit de déceler tout au long de sa carrière des chefs-d'œuvre passés ou à venir, et de multiplier les acquisitions fructueuses. Dans l'après-guerre, « l'homme aux dix mille tableaux », comme aiment à le décrire les professionnels du marché de l'art, était à la tête d'un empire. Un rapide examen des stocks de la galerie de New York réalisé par le galeriste Pierre Nahon[1] donne un aperçu des œuvres accumulées par la famille au cours des générations :

Il existe actuellement sur le marché mondial un seul grand choix de tableaux à vendre de toutes les époques : dans les chambres fortes de Wildenstein à New York. Quatre cerbères veillent jour et nuit sur deux mille toiles dignes des meilleures pinacothèques : quatre cents primitifs ; un Fra Angelico, deux Botticelli, huit Rembrandt, autant de Rubens, trois Velázquez – peintre fort rare – huit Greco, cinq Tintoret, dont l'un dépasse quatre mètres de haut, quatre Titien, douze Poussin, quatre-vingts Fragonard à côté de sept Watteau, etc. Les modernes circulent davantage. Wildenstein ne possède jamais moins de vingt Renoir, quinze Pissarro, dix Cézanne, dix

1. Pierre Nahon, *Les Marchands d'art en France*, La Différence, 1998.

Van Gogh, dix Gauguin, dix Corot, vingt-cinq Courbet.

Sur trois cents tableaux qu'a peints Seurat et que tous les musées se disputent, on en compte dix dans les réserves de la maison de New York.

Cette liste non exhaustive omet la très importante collection de Bonnard de Daniel Wildenstein dont il raconte l'acquisition dans ses mémoires rédigés deux ans avant sa mort. L'histoire, loin d'être anecdotique puisqu'elle renseigne sur une partie de son patrimoine personnel, révèle également l'esprit calculateur du marchand d'art et sa patience lorsqu'il s'agit d'enrichir sa collection de nouvelles pièces qu'il désire ardemment.

En 1947, Pierre Bonnard meurt sans laisser de testament. Sa succession se retrouve au cœur d'une bataille judiciaire entre ses héritiers et ceux de sa femme, Marthe. Cette dernière, plus qu'une épouse, fut surtout la muse du peintre, son obsession. Elle était au cœur de sa création, il la représentait nue la plupart du temps, notamment dans des scènes de bain dont il fit une série et qui accompagna sa production les dix dernières années de sa vie.

Marthe fut une source d'inspiration du vivant de Pierre Bonnard puis, à sa mort, l'objet d'un imbroglio judiciaire opposant ses héritiers propres et ceux de son mari.

Daniel Wildenstein sut tirer profit de cette affaire de succession. Il décida de racheter les droits des descendants de Bonnard et, après des années de procédure contre les héritiers de Marthe, obtint une grande partie de l'œuvre de l'artiste. Ce succès fut l'une des grandes victoires de sa carrière si bien qu'il se montra étonnamment disert au sujet de ses Bonnard, lui d'ordinaire si discret sur les tableaux en sa possession : « De cette aventure, il me reste aujourd'hui cent quatre-vingts tableaux de Bonnard. Les plus beaux. Les plus magnifiques. Que vaut un Bonnard de nos jours ? Les grands Bonnard valent entre cinq et sept millions de dollars. Les autres oscillent entre 500 000 et deux millions de dollars. Ces sommes n'ont aucune signification pour moi. Pourquoi les ai-je encore, ces Bonnard ? Pourquoi ai-je gardé les plus beaux ? Parce que je les aime. Parce que c'est le peintre que j'aimais et que j'aime le plus au monde. »

Comment, dès lors, ne pas s'étonner quand, dans l'inventaire de succession, on ne retrouve aucune toile de Bonnard ?

Lorsque, début 2004, l'avocate s'aperçoit de la supercherie, cela n'est encore qu'un détail, scandaleux certes, mais secondaire dans son combat judiciaire. Son souci premier est d'obtenir l'annulation de la renonciation à la succession de sa cliente. L'affaire est loin d'être aisée car en septembre de la même année, elle est déboutée de sa demande en nullité : les juges estiment que les deux beaux-fils de Sylvia avaient légitimement voulu la protéger du fisc. L'argument est surprenant mais, dans ce dossier, la justice réserve plus d'une surprise.

Guy et Alec auraient donc agi à bon escient en préservant leur belle-mère des ennuis de Daniel avec les impôts. Pourtant, dès ce premier procès, Claude Dumont-Beghi a apporté la preuve que le milliardaire avait tout prévu avant sa mort. Afin de protéger son épouse de toute tracasserie fiscale, il avait déposé en février 2001 à la banque Lazard Frères plusieurs tableaux, notamment de Fragonnard et de Boucher, en échange d'une caution bancaire solidaire de près de 10 millions d'euros, de quoi largement s'acquitter de ses impôts.

Ces tableaux n'ont d'ailleurs pas été déclarés dans l'inventaire de succession. Sylvia Wildenstein ne courait donc aucun risque mais la justice ne l'a, étrangement, pas entendu ainsi.

Claude Dumont-Beghi persiste. Convaincue du bon droit de sa cliente, elle fait appel de cette décision et obtient une première victoire décisive le 14 avril 2005. La cour d'appel de Paris, dans son arrêt irrévocable, annule la renonciation à la succession de la veuve et la rétablit dans ses droits d'héritière. Ce jugement est un coup de théâtre et un revers inattendu pour Guy et Alec Wildenstein, d'autant que les juges vont au-delà des premières prétentions de Sylvia.

Sur demande de Claude Dumont-Beghi, les magistrats se sont penchés sur le régime matrimonial des époux, concluant que, bien que le couple se soit marié aux États-Unis, Daniel et Sylvia ne possèdent pas de contrat de mariage. Ils balayent ainsi les dénégations des deux fils qui, sans jamais en apporter la preuve, prétendaient le contraire, tentant de faire reconnaître la séparation des biens.

Cette décision est extrêmement importante car désormais, dans la suite de la procédure, c'est le régime de la communauté des biens qui s'appliquera à la succession. Sylvia a donc droit à la moitié de tout ce qui a été acquis par le milliardaire depuis leur mariage treize ans auparavant !

Au-delà de cette décision très favorable à l'ancien mannequin, l'arrêt de la cour révèle les manquements de la partie adverse. Il souligne le comportement des deux beaux-fils qui, « avec l'ensemble des intervenants juristes et fiscalistes chargés de conseiller Mme Sylvia Wildenstein, se sont abstenus de l'éclairer exactement sur sa situation financière alors qu'elle n'avait jamais participé aux activités professionnelles de son mari [...] ». Les juges lui accordent 15 millions d'euros d'avance en capital sur ses droits à venir dans la succession de son époux.

Pour les avocats des Wildenstein, le revers est terrible. Ils vont tout faire pour annuler cette décision, sans succès. Ils déposeront même un recours auprès de la Cour européenne des droits de l'homme qui, à ce jour, n'a toujours pas rendu de jugement.

La décision de la cour d'appel est incompréhensible pour les fils Wildenstein, eux qui ont recours aux plus grands avocats et qui ont toujours dénigré et moqué les demandes réitérées de leur belle-mère et de son avocate. Le jugement est lourd de conséquences : il annule la déclaration de succession incomplète établie en 2002 et ordonne de nouvelles expertises afin d'établir une évaluation des biens mobiliers et immobiliers de Daniel Wildenstein situés en France et à l'étranger. En clair, le secret qui régnait jusqu'alors sur le patrimoine familial se retrouve, à la demande de la justice, au cœur d'investigations.

Un nouvel inventaire de la fortune doit être dressé mais comment établir une liste du patrimoine de Daniel Wildenstein alors que celui-ci est par essence caché ? Claude Dumont-Beghi se lance à corps perdu dans une véritable chasse au trésor, à la recherche notamment des tableaux disparus du marchand d'art.

Elle parcourt le monde afin d'apporter de nouvelles preuves de l'existence de biens dissimulés par la famille, susceptibles de bénéficier à sa cliente. Elle se rend à New York, à Londres, à Tokyo pour enquêter sur les statuts des galeries, le contenu de leurs stocks. Elle écrit aux plus grands musées du monde comme au Prado à Madrid, au Guggenheim et au Metropolitan Museum à New York, à Beaubourg, au Louvre, leur demandant s'ils exposent ou détiennent dans leurs coffres des tableaux appartenant aux Wildenstein. La plupart du temps, elle se heurte à un mur de silence, la propriété des œuvres exposées dans les musées étant par contrat confidentielle.

Parallèlement aux recherches de l'avocate, l'expert nommé par la cour, William Studder, tente de lister les biens du milliardaire. Il constate très rapidement l'impossibilité de mener à bien sa tâche, d'autant que les avocats des deux fils omettent systématiquement de lui fournir les documents essentiels, tels que les statuts de la Wildenstein Co Inc, la galerie new-yorkaise qui détiendrait la plus grande partie des stocks de tableaux. William Studder est face à une énigme dont la solution est détenue par les « W » eux-mêmes : « Il est extrêmement difficile de fixer la limite entre les acquisitions à titre personnel de Daniel pendant ses années de mariage et les acquisitions effectuées pour le compte de la galerie. »

Le statut des stocks des galeries est un point important, aussi bien pour l'avocate de Sylvia

Wildenstein – elle a tout intérêt à prouver qu'ils appartiennent en propre à Daniel afin que sa cliente en récupère une partie – que pour l'État français qui pourrait y trouver un intérêt fiscal.

L'un des experts diligentés par Sylvia Wildenstein va soutenir que les œuvres d'art n'appartiennent pas aux galeries, sauf exception, mais au « chef de file de la famille ». C'est ce qu'affirme un acte notarié qu'il a exhumé et qui a été produit en 1952 lorsque Elizabeth et Georges Wildenstein se disputaient l'héritage de Nathan. Les stocks seraient mis à la disposition de la galerie mais resteraient la propriété du chef du clan Wildenstein : lorsqu'un besoin d'argent familial se fait sentir, une galerie vend l'œuvre choisie. Alec et Guy se sont d'ailleurs servis dans les stocks en 2005 pour payer l'acompte de 15 millions d'euros sur les droits de Sylvia.

Le nerf de la bataille judiciaire se concentre donc sur les galeries de la famille. L'affirmation selon laquelle leurs stocks devraient être versés à la succession fait bondir les avocats français des deux fils Wildenstein. Pour eux, le montage financier des marchands d'art n'a rien d'extraordinaire, il est tout simplement l'émanation d'une fortune à l'ampleur internationale que Claude Dumont-Beghi interprète de façon totalement erronée.

L'enjeu de cette bataille d'avocats à coup d'expertises et de constats d'huissiers est considérable car elle doit aboutir à un projet de partage. C'est de ce projet dont découlera le montant des impôts que les héritiers devront acquitter.

L'expert français est circonspect face à cette fortune internationale qui se joue des règles nationales. Il note dans l'un de ses rapports : « La détermination en quantité et en valeur des biens meubles corporels est d'une grande complexité. Les meubles "circulent" en France et à l'étranger sans que leurs "mouvements" fassent l'objet d'un justificatif. »

William Studder, confronté à l'opacité de la fortune de Daniel Wildenstein, propose donc trois hypothèses pour fixer le montant de sa succession. L'hypothèse la plus basse s'élève à 121 millions d'euros, la plus haute n'avance même pas de chiffres tant les œuvres réintégrées dans l'inventaire seraient nombreuses et leur évaluation difficile. La seconde hypothèse qui fait figure d'hypothèse « intermédiaire », intègre les cent quatre-vingts Bonnard que le magnat de l'art se vantait d'avoir acquis. Ils sont évalués, fourchette haute, à 380 millions d'euros.

William Studder ne peut que conclure : « La disproportion entre les valeurs de la déclaration de succession et celles parues dans des ouvrages spécialisés et les médias est impressionnante (rapport de 1 à 200). »

La succession des Wildenstein pourrait donc se chiffrer à 8 milliards et demi d'euros.

Cette expertise est une bombe à retardement pour les conseils des fils Wildenstein, d'autant que par mégarde ou par « naïveté », l'un d'entre eux, l'avocat suisse de la famille, le professeur Hinderling, a révélé par courrier l'existence de « trusts familiaux dans lesquels une part substantielle du patrimoine des W serait transférée ».

L'information est intéressante pour le fisc : en droit français, tous les trusts doivent être déclarés lors d'une succession. Les fils Wildenstein se garderont bien par la suite de donner des informations plus précises sur ce sujet mais une brèche est ouverte. Leurs avocats concentrent donc leurs efforts sur ce rapport d'expertise, et tentent par tous les moyens de décrédibiliser ses conclusions et de le faire annuler.

Le cabinet auquel les marchands ont fait appel est dirigé par Jean-Michel Darrois, l'un des avocats les plus puissants de France. C'est lui qui était dans les coulisses de l'OPA de Nestlé sur Perrier, de Total sur Elf. C'est un avocat d'affaires de talent, épaulé par une équipe d'une quarantaine de collaborateurs. Il s'est spécialisé dans la défense des intérêts du gratin parisien – on retrouve parmi ses clients Arnaud Lagardère, Martin Bouygues, Maurice Lévy (Publicis), Jean-Charles Naouri (Casino) ou encore François Pinault.

Les Wildenstein se sont offert les services de l'un des meilleurs avocats de la place parisienne (l'un des plus chers aussi...), dont les connexions politiques, à droite comme à gauche, peuvent être très utiles. Malgré tout, pourtant, le doute s'est installé dans leur camp.

5. L'AVOCATE

Alec et Guy craignent que cette querelle d'héritage ne débouche sur de nouvelles découvertes de la justice et, par voie de conséquence, sur des soucis fiscaux plus importants. Leurs inquiétudes s'accompagnent, du côté d'Alec, d'une grande lassitude liée à ses problèmes de santé. Depuis plusieurs années, le fils aîné Wildenstein souffre d'un cancer dont il a peu de chance de guérir. Il a dû quitter le Kenya où il résidait avec sa seconde femme d'origine russe, Liouba Stoupakova, pour venir se faire soigner en France. Il ne sort plus guère de sa chambre aménagée dans l'hôtel particulier de la rue La Boétie, il laisse son frère gérer les affaires courantes.

La délicate succession de leur père est un imbroglio auquel Guy et Alec souhaitent désormais mettre fin. Dans un souci d'apaisement, ils proposent par l'intermédiaire de leurs avocats une transaction : ils donnent 100 millions d'euros à leur belle-mère et, en échange, elle abandonne toute poursuite.

100 millions d'euros, c'est beaucoup, même pour une femme de milliardaire au train de vie démesuré. On pourrait croire que ce projet de transaction enthousiasme Claude Dumont-Beghi. Il n'en est rien. L'avocate convainc sa cliente de refuser l'offre.

Pourquoi renoncer à une telle somme ? Sylvia Wildenstein a soixante-quinze ans, ce combat judiciaire l'épuise et l'isole, elle ne peut plus voir les petits-enfants de Daniel depuis qu'elle est en guerre ouverte contre ses beaux-fils. D'un point de vue financier, la veuve n'a plus un sou, Guy et Alec lui ont peu à peu coupé les vivres. Un jour, son compte à la pharmacie est fermé, un autre, sa carte bleue est bloquée, la ligne de son téléphone portable coupée. Les huissiers guettent, les 15 millions d'euros d'avance sur capital qu'elle a reçus en 2005 se sont envolés. La quasi-totalité de la somme a servi à payer les honoraires de Claude-Dumont Beghi. Une partie de ces émoluments a d'ailleurs été versée sur un compte aux États-Unis.

Sylvia Wildenstein reconnaît en privé que son avocate est « extrêmement chère ». Venant de la femme d'un milliardaire qui ne s'est jamais souciée de ses dépenses et qui n'a aucune notion de la valeur de l'argent, la remarque alerte ses amis.

Ils veulent la convaincre de mettre fin à cette procédure coûteuse et destructrice d'un point de vue affectif. 100 millions d'euros, ce serait largement assez pour qu'elle termine confortablement sa vie – elle doit se réconcilier avec ses beaux-fils !

Maguy, l'amie de toujours, celle que Sylvia considère comme sa grande sœur, se dispute sévèrement avec elle lorsqu'elle découvre l'offre de transaction. Dans une scène digne d'une tragédie grecque, elle la supplie à genoux d'accepter.

— Je n'accepterai pas, Claude m'a dit de ne pas accepter, je veux les milliards, lui dit Sylvia, Claude m'a dit qu'il y en a pour des milliards.

— Mais si tu continues, tu n'auras rien. Ton mari t'adorait, tu as fait ce qu'il fallait, mais maintenant il faut arrêter !

Les proches de Sylvia lui tiendront tous le même discours mais la veuve est têtue, elle souhaite aller jusqu'au bout. D'autre part, elle semble impressionnée par son avocate, au point que son entourage se demande si elle n'a tout simplement pas peur de lui dire non après lui avoir fait confiance toutes ces années.

Claude Dumont-Beghi, quant à elle, soutient à sa cliente que cette transaction est une façon de plus de l'humilier et que de toute façon ses beaux-fils ne payeront jamais la somme annoncée. Elle lui conseille vivement de n'avoir aucun contact avec eux.

Sur ce point, Sylvia n'écoutera pas son avocate. Le fils aîné des Wildenstein est en phase terminale, et vit ses derniers jours. Elle lui rend donc visite à l'hôpital et se réconcilie avec ce beau-fils qu'elle a connu alors qu'il n'était qu'un jeune homme. « Je n'y peux rien, c'est mon frère qui a voulu tout ça », lui aurait expliqué Alec, soulagé d'avoir parlé à sa belle-mère. Il s'éteint le 18 février 2008.

Sylvia et Alec se sont réconciliés mais la bataille judiciaire se poursuit.

La veuve, sur les conseils de Claude Dumont-Beghi, renonce donc à la transaction de 100 millions d'euros. En prenant cette décision, elle fait le pari que toutes ces années de combat trouveront une issue judiciaire très favorable. Le pari est risqué mais Sylvia n'est-elle pas une joueuse invétérée ?

Pour les amis de l'ancien mannequin, cette décision marque un tournant. L'un d'eux me confiait ainsi les doutes qu'il avait nourris suite à ce choix audacieux : « À partir de là, ce n'était plus l'intérêt de Sylvia de continuer la procédure... » Il constatait, amer : « Tout le monde a profité de la générosité de Sylvia : sa famille, son entourage et le fisc. »

En octobre de la même année, après des mois de procédure au cours desquels Claude Dumont-Beghi s'est opposée au projet de partage du notaire, estimant qu'une grande partie des biens de Daniel Wildenstein était toujours cachée à sa cliente, la cour d'appel de Paris rend son jugement.

C'est un échec cuisant pour Sylvia et son avocate.

Les Wildenstein obtiennent l'annulation de l'expertise de William Studder pour cause de « suspicion légitime ». L'équipe de Jean-Michel Darrois a trouvé la faille : l'expert et le président de la cour d'appel qui a rendu son jugement en 2005 se connaissaient dans le privé. On peut donc douter de l'impartialité du rapport. Les conclusions de l'expert sur la disproportion de un à deux cents entre les déclarations des Wildenstein et les estimations sont envoyées au pilon.

La plupart des demandes de la veuve sont rejetées. Claude Dumont-Beghi ne réclamait pas moins de 450 millions d'euros, une somme jugée « pharaonique » par la présidente de la cour d'appel. Cette dernière pointe les imprécisions de l'avocate qui attribue des tableaux à la communauté de biens de Daniel et de Sylvia alors que le marchand d'art les avait acquis grâce à la collection héritée de son grand-père et de son père. « Mme Wildenstein n'apporte aucun élément de preuve d'une acquisition avec des fonds communs, elle-même ne disposant, au demeurant, d'aucun revenu », tranche la cour.

Les tentatives de Claude-Dumont-Beghi d'identifier les tableaux appartenant en propre à Daniel Wildenstein s'avèrent peu probantes : « Lorsque certaines œuvres portent la mention "collection Daniel Wildenstein", Mme Wildenstein ne prouve pas qu'elles étaient encore dans le patrimoine de Daniel Wildenstein au jour de son décès en vertu de l'ancienneté des catalogues. »

Les conseils du représentant UMP de New York ont prouvé que certains tableaux revendiqués par la veuve n'appartenaient plus à leur père. C'est le cas d'une œuvre de Watteau vendue par Daniel au Chicago Art Institute ou encore de ces tableaux de Cézanne appartenant, après vérification au musée de São Paulo, à la Walker Art Gallery de Liverpool et au Allen Memorial Art Museum. Quant aux fameux cent quatre-vingts tableaux de Bonnard, la cour d'appel retient les arguments de Guy selon lesquels ils appartiennent désormais à des galeries allemandes, australiennes ou parisiennes. Daniel Wildenstein aurait donc menti dans ses mémoires lorsqu'il affirmait que ses toiles étaient en sa possession peu avant sa mort. Qui croire ? La justice a tranché en faveur du fils.

La veuve est déboutée sur la plupart de ses autres revendications patrimoniales. Le jet privé par exemple, le *Gulfstream IV*, la cour conclut qu'il n'appartenait pas à Daniel, mais à une société écran basée sur les îles Vierges britanniques. Le milliardaire n'en était que le « locataire ». De même, il ne faisait que « louer » ses chevaux à une société enregistrée en Irlande. Ses bateaux, son hélicoptère, la propriété du Kenya, des îles Vierges, tous ces biens dont la veuve a bénéficié durant leur quarante ans de vie commune, n'appartenaient pas formellement au milliardaire. L'avocate n'a pas pu prouver le contraire. Comment en aurait-il été autrement puisqu'elle n'a pas eu accès aux statuts de ces sociétés enregistrées dans des paradis fiscaux et donc, par essence, inaccessibles à des personnes extérieures à leurs ayants droit.

À l'issue de ce jugement, seul un tableau, et non des moindres, est reversé à la succession : *Le joueur de luth* de Caravage. Une œuvre exceptionnelle exposée au Metropolitan Museum, évaluée à 25 millions d'euros, et qui en vaudrait quatre fois plus.

Ce verdict est inadmissible pour l'avocate. Elle a poussé sa cliente à renoncer à une transaction de

100 millions d'euros et la justice lui octroie au final une somme bien inférieure, même s'il s'agit de plusieurs dizaines de millions d'euros. Une phrase du délibéré attise sa fureur : « D'une manière générale, l'évasion du patrimoine dans des sociétés étrangères et des trusts [est] conforme à la tradition familiale de transmission des biens aux héritiers directs… »

Certes, la cour d'appel de Paris n'a pas à se prononcer sur les aspects fiscaux de l'affaire, mais de là à affirmer froidement que les Wildenstein organisent l'évasion de leur patrimoine par « tradition familiale » et que tout ça est on ne peut plus normal, il y a de quoi s'interroger.

Claude Dumont-Beghi est d'autant plus choquée par cette affirmation que les trusts de la famille sont le nerf de la guerre dans cette succession disputée. Ils auraient permis d'opérer le transfert du patrimoine de Daniel Wildenstein à ses fils et ses petits-fils sans que ces mouvements soient déclarés aux impôts et sans que sa cliente en soit informée. Des donations « masquées » en quelque sorte, au détriment de Sylvia et de l'État français.

Cette affaire de trust est complexe de par le statut et le fonctionnement de ces outils financiers conçus pour conserver secret le nom des véritables bénéficiaires. De droit anglo-saxon, ils sont largement utilisés dans les paradis fiscaux et c'est d'ailleurs dans ces trous noirs de la finance mondiale que les Wildenstein les ont domiciliés.

En ce mois d'octobre 2008, Claude Dumont-Beghi a perdu une manche mais elle n'a pas perdu la guerre. Ses efforts pour faire tomber l'empire Wildenstein vont se concentrer sur ces fameux trusts sur lesquels la justice française a pour l'instant préféré fermer les yeux. Un événement majeur va donner un nouvel écho à son combat et lui permettre de rebondir au-delà de ses espérances : la crise financière mondiale.

À l'automne 2008, l'économie de la planète est au bord du chaos. Alors que Wall Street est placée sous-perfusion et survit grâce aux milliards de dollars injectés par l'État américain, le monde occidental découvre ébahi ce que les analystes éclairés lui prédisaient depuis des années : il faut désormais payer les placements à haut risque des banques, la fuite en avant des caciques de la finance qui ont perdu tout sens commun et transformé l'économie mondiale en vaste casino.

En France, la classe politique dans son ensemble joue les offusqués, feint la surprise. Elle dénonce les comportements à risque des banques, les pratiques des multinationales et des riches particuliers pour éviter l'impôt. Dans cette levée de boucliers, les paradis fiscaux se retrouvent sur le banc des accusés. Même Nicolas Sarkozy qui, quelques mois auparavant, prônait l'assouplissement des lois sur l'emprunt des particuliers, à l'image du système américain, fustige ces « zones d'ombre de la finance ». Son ministre du Budget, Éric Woerth, devient le fer de lance de ce combat contre les paradis fiscaux et les contribuables qui en profitent : « Nous ne pouvons plus accepter que des États prospèrent sur la fraude [...]. Nous ne pouvons plus tolérer que l'image du système financier international soit vérolée par des poches d'opacité, de secret excessif, d'absence de régulation[1]. »

Autant de déclarations qui retiennent l'attention de Claude Dumont-Beghi. Ne se heurte-t-elle pas à l'opacité des montages financiers de la famille Wildenstein, à leurs trusts enregistrés dans des paradis fiscaux ? Son combat pour mettre à jour la fortune de Daniel Wildenstein n'est-il pas le même que celui de l'État français qui peine à remplir ses caisses, victime de circuits d'évitement de l'impôt toujours plus complexes ?

Nicolas Sarkozy et Éric Woerth veulent mettre fin aux paradis fiscaux, Claude Dumont-Beghi les prend au mot. Que vont-ils faire face à un riche héritier, Guy Wildenstein, dont le recours aux trusts pour ne pas payer d'impôt ne fait guère de doute ?

1. Éric Woerth, réunion de l'OCDE à Paris, 21 octobre 2008.

L'avocate actionne le levier politique et son dossier prend une tout autre dimension. La succession houleuse de Daniel Wildenstein va mettre Nicolas Sarkozy et Éric Woerth au pied du mur et révéler leurs liens ambigus avec les grandes fortunes françaises.

« L'affaire Wildenstein » est née.

6. LES TRUSTS

Je ne m'attendais pas à ça, je suis presque un peu déçue. Sous mes yeux s'aligne une série d'entrepôts anonymes où vont et viennent des camions de marchandises et de déménagement. Du haut de l'un des bâtiments où notre guide nous a menés, mon cameraman et moi-même, pour réaliser des prises de vues de ce site de 140 000 mètres carrés en périphérie de la ville, on aperçoit au loin l'aéroport de Genève. Le lieu est laid et fonctionnel, protégé par un mur grillagé et encadré de voies rapides, on se croirait sur la plate-forme de distribution d'une chaîne de supermarché. Je scrute le parking, les hangars et l'entrée à la recherche de caméras de surveillance, de signes apparents d'un système de sécurité élaboré, rien.

Les apparences sont trompeuses, car si ces entrepôts sont austères, ils n'en sont pas moins très spéciaux. Je contemple l'un des plus grands coffres-forts au monde : les ports francs de Genève. En Suisse, il existe vingt-sept zones de ce type, toutes administrées sur le même principe : les marchandises qui y sont entreposées bénéficient d'une suspension de droits et de taxes sans limitation dans le temps. Les ports francs de Genève sont de loin les plus grands de la République helvétique, une base off shore au cœur même de l'Europe où les professionnels et les particuliers peuvent stocker tout ce qu'ils souhaitent à l'abri de la curiosité des services fiscaux du monde entier. À l'exception, précise la plaquette de présentation de la société « Ports francs et entrepôts de Genève », « des explosifs, des armes, des produits radioactifs ou putrescibles ». Nous voilà rassurés.

Dans les sous-sols de ces bâtiments sont soigneusement conservés des biens de très grande valeur appartenant à des sociétés ou à des particuliers : des diamants, des bijoux, des vins fins et des œuvres d'art, tableaux, sculptures, antiquités... Difficile d'imaginer, lorsque l'on observe ces hangars, que l'on est face à une gigantesque caverne d'Ali Baba. La rumeur veut qu'il y ait plus de tableaux dans ces entrepôts qu'au Louvre, mais l'information est invérifiable. Les ports francs de Genève sont à l'image de la Suisse et de ses banques : il y règne une confidentialité absolue.

Régulièrement, les instances internationales essayent de mettre de l'ordre dans ce lieu qui s'apparente, même si ses administrateurs s'en défendent, à une zone de non-droit où les diamants de la guerre et les antiquités volées sont longtemps ressortis des coffres blancs comme neige. Depuis la mise en place du processus de Kimberley, les ports francs ne seraient plus une plaque tournante pour les trafiquants de diamants. Les spécialistes ne manquent pourtant pas de constater que les lots de pierres précieuses qui entrent ici sous forme brute peuvent être triés et remballés en plusieurs lots dans l'enceinte même du site et échapper ainsi aux tentatives des autorités publiques de retracer leur provenance. Si les diamantaires de toute l'Europe n'y trouvaient pas leur avantage, comment expliquer alors que 2 milliards et demi d'euros de diamants transitent chaque année par les ports francs de Genève ?

Les contrôles douaniers sont rares, la Suisse n'a pas intérêt à nuire à ce commerce florissant. Le directeur de la célèbre maison de ventes Christie's, François Curiel, lançait ainsi il y a quelques années une menace à peine déguisée à ceux qui souhaiteraient une législation plus intrusive : « Les ports francs ne sont pas étrangers au fait que Genève est une des plus importantes places de ventes aux enchères d'objets de luxe au monde. Si on les supprimait, cette activité ne pourrait pas être maintenue dans le canton. » Jusqu'à ce jour, le message a été très bien reçu par les autorités suisses.

Aux ports francs de Genève, les secrets sont bien gardés et les œuvres d'art peuvent être conservées durant des siècles grâce à des conditions de stockage optimum, à l'abri de la lumière et dans une hygrométrie parfaite. Il n'est donc pas étonnant que je retrouve ici la trace des Wildenstein.

Cet après-midi de juin 2009, Sylvia Wildenstein a mandaté Claude Dumont-Beghi pour me montrer une toute petite partie de la collection ayant appartenu à son mari et entreposée aux ports francs de Genève. Il s'agit de dix-neuf tableaux de Bonnard dont elle est devenue la propriétaire ou plus précisément, la « bénéficiaire », au décès de Daniel il y a huit ans. Ces œuvres, dont je n'ai vu pour l'instant qu'une liste annotée au crayon par le marchand d'art, sont entreposées ici depuis des années sans que l'on sache réellement comment elles y sont arrivées. Ont-elles fait l'objet de certificats de sortie du territoire français ? Ont-elles débarqué en avion, en camion, en berline de luxe ? La seule certitude, c'est qu'elles n'ont pas été déclarées au fisc français en 2001. Il n'y avait d'ailleurs aucune raison qu'elles le soient puisque les agents des impôts n'avaient pas la possibilité de connaître leur existence, à moins qu'un membre de la famille ne les mette sur la bonne piste.

Si Sylvia a choisi de m'ouvrir les portes de ce lieu très confidentiel, c'est qu'elle souhaite démontrer au public, preuve par l'image, ce que son avocate plaide depuis des années devant les tribunaux et clame depuis quelques mois dans les journaux : les Wildenstein dissimuleraient une partie de leur fortune dans des paradis fiscaux. Les ports francs ne seraient que l'un des multiples outils d'opacité utilisés par la famille afin de léser sa cliente, et par la même occasion, le fisc français.

Je suis Claude Dumont-Beghi en direction de l'un des entrepôts. Elle marche d'un pas décidé, perchée sur ses hauts talons, le tailleur impeccable. Elle est déjà venue plusieurs fois pour le compte de la veuve et présente sans une hésitation aux agents de contrôle les documents nécessaires à notre visite. Nous empruntons un escalier de béton brut pour arriver deux niveaux sous terre, dans ce qui pourrait s'apparenter à un gigantesque bunker. Au bout d'un couloir au mur dénudé, une énorme porte blindée s'ouvre sur présentation de nos passeports. Nous sommes attendues. Un gardien nous conduit dans un petit salon où sont exposés, sur demande spéciale de Sylvia Wildenstein, ses dix-neuf tableaux de Bonnard.

L'homme repart discrètement et nous laisse seules, silencieuses, émues devant ces œuvres dont les couleurs vives se détachent des murs gris. Bonnard était le peintre de la couleur, et la série de tableaux qui couvre le petit salon privé du port franc en est une illustration saisissante. Devant moi, la plus belle toile de l'ensemble : le *Nu rose à la baignoire.*

Sylvia n'a jamais pu revoir ce tableau qui ornait le salon de son appartement avenue Montaigne, faute de s'être déplacée jusqu'à Genève. En avait-elle même envie ? Les couloirs sinistres des ports francs risquaient tant de lui gâcher le souvenir heureux qu'elle en avait.

Après que ses beaux-fils ont procédé au déménagement du *Nu rose à la baignoire* au décès de leur père, elle pensait avoir perdu la trace de l'œuvre à tout jamais. Son avocate l'a retrouvée après avoir examiné les documents qu'elle conservait depuis la mort de son mari. Les demandes répétées d'information de Claude Dumont-Beghi, notamment auprès du conseil suisse de la famille, le professeur Adrian Hinderling, finirent par l'amener jusqu'aux ports francs.

Le *Nu rose à la baignoire*, comme les dix-huit autres tableaux de Bonnard, a été enregistré par Daniel Wildenstein dans un trust aux Bahamas. Le milliardaire souhaitait que cette structure financière puisse bénéficier à sa femme, et l'avait d'ailleurs appelée le « Sylvia trust ». La veuve aurait dû être en mesure de conserver ces tableaux chez elle ou même de les vendre en cas de difficultés pécuniaires ou de soucis de santé, il n'en fut rien. Malgré sa maladie et sa ruine, Sylvia n'a jamais pu profiter de ses Bonnard, dont l'ensemble était évalué par Daniel à plusieurs dizaines de millions d'euros. Ses deux beaux-fils ont bloqué leur vente en menant une procédure aux Bahamas pour destituer la veuve de ses droits.

Malgré la bataille judiciaire coûteuse et complexe que mène Dumont-Beghi dans ce paradis fiscal, les tableaux que j'ai devant les yeux resteront bloqués aux ports francs jusqu'à la mort de Sylvia. Seule la famille Wildenstein sait aujourd'hui ce qu'ils sont devenus. Le monde de l'art a ses raisons, ses déraisons, que le simple esthète n'a pas.

Comment ne pas penser à Bonnard, à ses toiles faites pour accrocher la lumière et les regards et qui reposent dans l'obscurité silencieuse d'une chambre forte, attendant un climat fiscal, judiciaire ou commercial plus favorable ? Comment ne pas penser avec une pointe de regret au destin anonyme du *Paysage du Cannet*, du *Jardin à Vernonnet*, de ces natures mortes – bouquets, corbeilles et plateaux de fruits – dont les couleurs éclatantes signent la main du maître ?

Il me faut pourtant retenir de ces dix-neuf œuvres de Bonnard une qualité beaucoup plus terre à terre. Elles sont emblématiques et révélatrices de cette

« tradition familiale d'évasion du patrimoine[1] » des Wildenstein, cette utilisation des trusts en vue d'opérer le transfert de leur fortune de génération en génération, en toute discrétion. Les Bonnard ne seraient que la partie immergée de leur collection mise au jour accidentellement suite à la succession mouvementée de Daniel dans laquelle s'opposent depuis 2003 Sylvia et ses beaux-fils. Une part infime de leur fortune ? Ce n'est pas seulement une interprétation, c'est ce que laisse entendre le professeur Adrian Hinderling lui-même, le fidèle avocat suisse des « W ». Sûr de son bon droit et de celui de ses clients, il reconnaît dans un courrier, avec toute la naïveté de celui qui ne questionne plus depuis longtemps ces pratiques, la présence d'autres tableaux de Daniel au port franc de Zurich et dans « d'autres trusts », dans d'autres paradis fiscaux.

Le silence de cathédrale du salon privé des ports francs est soudain brisé par la voix de l'avocate, le charme des Bonnard s'évanouit. Claude Dumont-Beghi mène la charge contre Guy Wildenstein, fustige l'héritier, l'une de ces personnalités fortunées qui ne payent pas leurs impôts et ne veulent pas contribuer à l'effort national. Vive et pragmatique, elle surfe sur la vague de la crise financière.

1. Arrêt de la 2e chambre de la cour d'appel de Paris du 1er octobre 2008.

Introduite au cœur même de l'une de ces « zones d'ombre de la finance », elle savoure ce jour-là sa victoire.

Non, il n'y a pas que les Bonnard qui ont été cachés au fisc et à sa cliente, m'explique-t-elle, et elle a les preuves de ce qu'elle avance. Il y a quelques semaines, elle a obtenu des documents accablants sur les méthodes utilisées par la famille.

À ma grande surprise, l'avocate dispose devant moi des contrats de trusts aux noms d'Alec et de Guy Wildenstein, des listes de tableaux, des courriers échangés entre les deux héritiers et leurs avocats. Ces dizaines de pages en fac-similé dévoilent l'existence de trois trusts enregistrés dans l'île anglo-normande de Guernesey ainsi qu'aux Bahamas. Elles détaillent entre autres les montages possibles pour utiliser au mieux les revenus générés par ces structures financières. Ces documents, par essence inaccessibles et réservés au cercle familial, n'auraient jamais dû tomber entre les mains de Claude Dumont-Beghi. Ils sont explosifs pour qui souhaiterait reconstituer le montage financier conçu par les avocats de la famille.

Cette fois encore, si ce type d'information a filtré, c'est grâce à la rapacité féroce du clan, exercée de nouveau sur une femme de la famille Wildenstein : Liouba Stoupakova. La jeune veuve d'Alec, s'estimant dépossédée d'une partie de son héritage par les « W », est devenue une alliée involontaire dans le combat de Sylvia et de son avocate.

Liouba Stoupakova est la seconde épouse d'Alec. Elle a vécu à ses côtés pendant dix ans, jusqu'au décès de ce dernier en février 2008. Cette jeune femme d'origine russe a vingt-cinq ans lorsqu'elle rencontre le fils aîné des Wildenstein, qui a déjà deux enfants à peine plus jeunes qu'elle. Si l'on s'en tient aux quelques articles consacrés au couple par la presse mondaine, Liouba a tout d'une « potiche » que rien ne prédestinait à se confronter au clan. Mannequin, actrice à ses heures, elle offre l'image de la parfaite « femme de » entretenue par son riche époux, qui se contente d'opiner du chef pendant que le marchand d'art répond aux questions des journalistes. Pourtant, Liouba a peut-être plus d'emprise sur Alec qu'il n'y paraît. N'est-ce pas pour elle que le fils Wildenstein renonce à l'âge de soixante ans à la confession juive et se fait baptiser en Russie dans la plus pure tradition orthodoxe, afin de pouvoir se marier religieusement ?

À l'occasion de la cérémonie, Liouba pose sagement aux côtés de son mari pour le photographe Wayne Maser, son regard doux planté dans l'œil de l'objectif, la main d'Alec posée délicatement sur sa hanche, dans l'attitude protectrice de l'homme mûr lassé des femmes de tête aux griffes trop aiguisées.

Liouba n'est pas Jocelyn la prédatrice, pour qui la chasse était une passion qu'elle partageait avec Alec. Elle lui préfère le domaine de l'art et de la peinture qu'elle a longtemps pratiquée avant de devenir sculpteur, encouragée par Alec au cours de ses dernières années d'existence.

Certes, Liouba a des points communs avec Sylvia Wildenstein. Elle aussi a une grande différence d'âge avec son mari, elle non plus ne s'occupe pas des questions d'argent et encore moins des affaires des Wildenstein, mais contrairement à sa belle-mère, elle est loin d'être naïve, au point de refuser en bloc d'être comparée à elle dans son combat qui l'oppose à Guy. Liouba Stoupakova a eu le temps d'observer les pratiques du clan, notamment à travers la bataille menée autour de la succession de Daniel, et ses études en droit ainsi que son passé familial (son père serait un ancien du KGB) ne font pas d'elle une proie aussi facile qu'il y paraît. C'est pourquoi, lorsque Alec décède et que Guy, entouré de ses avocats, tente de lui jouer un scénario aux airs de déjà-vu, elle ne marche pas.

Alec avait pourtant essayé de préserver sa jeune épouse du système familial. Connaissant son frère et les habitudes du clan auxquelles il avait lui-même adhéré, il se doutait que sa succession ne serait pas simple. Sur son lit d'hôpital, il fit même état de ses craintes concernant le sort de Liouba à l'administratrice judiciaire de la succession de son père. « Promettez-moi de la protéger », lui demandera-t-il de façon totalement incongrue.

Helmut Newton avait su saisir en son temps le regard méfiant que portait Alec sur Guy. Il avait manifestement vu juste.

Se sachant condamné, Alec avait pris les devants afin d'assurer à Liouba un futur confortable. Peu avant sa mort, il rédigea de sa main un testament dans lequel il instituait sa jeune épouse légataire universelle. Il l'avait également nommée bénéficiaire de deux trusts : le Drawdale Trust et le Louvre Trust, enregistrés comme il se doit dans des paradis fiscaux et contenant des avoirs et des tableaux. Enfin, il avait acheté un appartement dont sa femme avait la jouissance en souscrivant un prêt remboursé par des revenus aux origines incertaines, dans la plus pure « tradition familiale » des W. Alec disposait en fait de capitaux provenant de trusts dont il était bénéficiaire. Ce montage financier n'était pas connu de l'administration fiscale française. À ce stade du récit, c'est une évidence.

L'organisation complexe du patrimoine des marchands d'art à travers cette galaxie de sociétés, de trusts, de fondations, a profité au fils aîné des Wildenstein durant des dizaines d'années, mais l'ironie de l'histoire veut que ce soit dans les derniers mois de sa vie que ce système se retourne contre lui et plus particulièrement contre sa femme.

7. LE FISC

Depuis le retour d'Alec Wildenstein en France pour des raisons de santé, celui-ci avait, sur les conseils de ses avocats et de ses notaires, tenté de présenter un visage convenable au fisc. Ses conseils l'avaient persuadé de régulariser le statut fiscal des sommes provenant des trusts familiaux. D'autant qu'au milieu des années 2000, le procès intenté par sa belle-mère rendait l'administration fiscale méfiante et le climat peu favorable aux arrangements.

Alec avait donc, toujours sur les recommandations de ses conseils, déclaré d'importants montants provenant de revenus aux origines indéterminées. 2,7 millions d'euros en 2004, 3,2 millions en 2005, puis des gains de plus en plus importants jusqu'en 2008 où, juste avant son décès, il déclare 9 millions d'euros de « bénéfices non commerciaux et non professionnels ». Les conseils chargés de rédiger les déclarations d'impôts du couple ne disposent d'aucun justificatif. Chaque année, la fidèle secrétaire de l'Institut Wildenstein leur remet une lettre cachetée où figure le montant à déclarer sans le moindre détail.

Les préconisations données par les conseils d'Alec sont déroutantes à plus d'un titre. Tout d'abord parce qu'elles ont pour effet de déclencher immédiatement la suspicion des agents du fisc, alertés par l'apparition soudaine de ces formidables revenus. Jusqu'en 2005, Alec ne déclarait « que » 120 000 euros provenant de son travail à l'Institut Wildenstein. D'autre part, parce que ces déclarations génèrent un énorme passif : le montant des impôts dont Alec devient redevable augmente chaque année sans que ce dernier n'en mesure manifestement toutes les conséquences.

C'est ainsi que la direction nationale de vérification des situations fiscales, alarmée par ces mouvements inhabituels, se saisit un moment du dossier du fils Wildenstein. Ses agents solliciteront en 2007 un rendez-vous avec Olivier Riffaud, l'un de ses notaires, afin de lui signifier un redressement sur des impayés de TVA. Personne ne s'interroge alors sur le caractère atypique des sommes déclarées.

Malgré sa maladie, Alec sent que ses intérêts et ceux de sa femme sont mal défendus, il retire même le mandat à Olivier Riffaud. Mais il est déjà trop tard. Quand le marchand d'art décède, sa veuve hérite d'un énorme passif dû aux déclarations des conseils de son mari depuis 2004. Comme Sylvia en d'autres temps, Liouba découvre qu'elle doit une fortune en impôts : 12 millions d'euros.

Aujourd'hui, la jeune femme a la certitude que les avocats de son mari ont agi contre leurs intérêts en créant une dette fiscale dont elle n'est plus en mesure de s'acquitter et qui l'asphyxie financièrement. Ils auraient ainsi rendu Liouba dépendante du clan Wildenstein et insolvable, afin de limiter ses capacités de recours judiciaire et s'éviter, comme c'est alors le cas avec Sylvia, une procédure coûteuse.

Et effectivement, à la mort d'Alec, les sources de revenus du couple se tarissent brutalement. Liouba ne peut pas payer les 12 millions d'euros dont elle hérite avec les deux enfants de son mari. Ceux-ci vivent à l'étranger et s'en désintéressent – d'autant qu'ils sont bénéficiaires eux-mêmes de trusts –, elle, en revanche, doit en subir les effets en France. Les huissiers lui coupent l'électricité, le téléphone. Comment payer alors que la succession de son mari n'est pas close et que celle de Daniel est toujours au point mort ? La procédure peut encore prendre des années et même si la jeune Russe n'a pas le train de vie de Sylvia Wildenstein, loin de là, elle est confrontée à un manque de liquidités inquiétant.

Elle accepte donc sans trop poser de questions l'offre de son beau-frère. Guy Wildenstein lui propose ainsi qu'aux deux enfants d'Alec de lui prêter de l'argent afin de payer l'héritage fiscal de son mari. Il leur fait signer 11 contrats de prêts censés, à terme, leur permettre de s'acquitter des 12 millions d'euros.

Dans ce dispositif, il impose à Liouba une garantie. La veuve doit l'autoriser à accéder directement au trust que lui a donné Alec (le Drawdale Trust), afin de se rembourser. Tout cela est acté discrètement dans des « contre-lettres » c'est-à-dire des annexes secrètes dont seuls les deux parties et leurs avocats ont connaissance. Il s'agit d'éviter de faire apparaître clairement l'existence du trust de Liouba et par là même des trusts de la famille. L'argent transite par un circuit complexe passant notamment par la Suisse.

Une fois les papiers signés par la jeune veuve, Guy ne respecte pas ses engagements. Il ne redistribue pas à sa belle-sœur les sommes prévues et se contente de lui verser de l'argent au compte-gouttes afin qu'elle puisse s'acquitter de ses impôts, sans alerter davantage l'administration fiscale. À la même époque, Liouba découvre qu'elle est totalement exclue des trusts de son mari alors que ce sont leurs bénéfices qui permettaient de son vivant de financer leur train de vie. Comme Sylvia, la famille

Wildenstein la tient à l'écart des informations sur les montages financiers dont Alec avait pu profiter. Une partie de son héritage lui est ainsi à son tour confisquée. Le dispositif mis en place par les conseils de la famille Wildenstein à l'égard de Liouba aurait été mûrement calculé. Il lui assure un train de vie honorable, tout en évitant qu'elle engage une procédure judiciaire coûteuse. Guy Wildenstein ne veut pas que l'histoire se répète. Sa belle-mère et sa « très chère » avocate lui ont servi de leçon.

Liouba est piégée. Elle ne peut pas saisir la justice pour tenter de récupérer ses droits sur son trust : le faire signifierait en dévoiler l'existence.

Après quelques mois de flottement, la jeune veuve décide de contre-attaquer. Le 10 avril 2009, elle remet à l'administratrice de la succession de Daniel Wildenstein des documents ayant appartenu à son mari et qu'elle avait précautionneusement conservés dans son coffre. C'est sur la base de ces documents, des dizaines de pages de contrats et de courriers, que Claude Dumont-Beghi va ainsi révéler au public et au fisc l'existence des trusts de la famille.

Liouba avait-elle conscience des conséquences de ses révélations ? On peut en douter au regard des soucis fiscaux qui s'abattront sur elle suite à sa démarche. En effet, bien que la femme d'Alec se soit rendue dès le début de l'affaire et à plusieurs reprises à Bercy afin de déclarer les trusts dont elle est bénéficiaire, elle subira comme le reste du clan les foudres tardives de l'administration fiscale.

Ces divulgations faites, les agents du fisc, s'ils souhaitent vraiment enquêter sur la famille (et à cette époque rien n'est moins certain), disposent désormais d'un boulevard pour reconstituer la galaxie des avoirs des Wildenstein disséminés dans les paradis fiscaux. En effet, l'entraide fiscale se heurte habituellement à l'anonymat que confèrent les trusts. Leurs bénéficiaires se cachent derrière l'identité de ce que l'on nomme en droit anglo-saxon les « *trustees* », des avocats, des notaires ou de simples hommes d'affaires qui servent d'hommes de paille aux fortunes de ce monde. Qu'un enquêteur français demande aux autorités des Bahamas ou des îles Vierges de lui fournir la liste des trusts dont un particulier serait le propriétaire, sa démarche est vouée à l'échec. Aucune information ne lui sera donnée, les organismes de contrôle de ces pays ne savent pas eux-mêmes qui se dissimule derrière les *trustees*. Ils ne cherchent surtout pas à le savoir : les trusts sont pour ces pays un fond de commerce très lucratif.

Mais lorsque, par un concours de circonstances inhabituel, une indiscrétion ou, encore mieux, le témoignage direct de l'un de ses bénéficiaires – une veuve spoliée de son héritage, par exemple –, les contrats de ces trusts sont exposés au grand jour, le paravent tombe et les millions d'euros, les tableaux, les parts des sociétés enregistrées dans les paradis fiscaux du monde entier se retrouvent nus comme au premier jour du capitalisme.

Liouba a rompu le pacte du secret et, comme Sylvia huit ans auparavant, le clan Wildenstein lui tourne le dos. Ses relations avec Guy se résumeront désormais à des échanges de courriers par avocats interposés. Veut-elle récupérer ses vêtements qu'elle a laissés dans la propriété du Kenya ? Grand bien lui fasse : il faut qu'elle envoie par écrit la liste détaillée de cette garde-robe. Elle doit encore des millions d'euros aux impôts ? Peu importe, Guy arrête de payer, le fisc prend une hypothèque judiciaire de 2,6 millions d'euros sur son appartement de la rue Vaneau.

La bataille judiciaire qu'elle engage est d'autant plus difficile qu'elle nourrit un soupçon permanent à l'égard de ses propres conseils. Elle craint que ses avocats soient liés d'une façon ou d'une autre à son beau-frère et elle en change donc à plusieurs reprises, par crainte d'un conflit d'intérêts.

Dans les premiers mois qui suivent ses révélations, d'étranges événements la confortent dans sa paranoïa. Liouba découvre que des sites pornographiques référencés à son nom fleurissent sur la Toile. La concomitance des faits lui laisse penser qu'il ne s'agit pas d'un malencontreux hasard car il est de notoriété publique que les sociétés privées de renseignement recourent régulièrement à ce type de coup bas pour déstabiliser un adversaire, l'amener à « craquer » dans le cadre d'un dossier difficile.

À la même période, la jeune femme reçoit des menaces de mort par téléphone et par SMS. Elle craint pour sa sécurité au point, en novembre 2009, de porter plainte contre X pour « menaces, tentative d'assassinat ou de violences ». Devant les policiers, elle détaille les informations dont elle dispose : un « ami » de son père l'a prévenue qu'un contrat « avait été mis sur sa tête » par un cabinet américain d'intelligence économique. Il lui a même donné le nom de la société et des deux agents de nationalité anglaise qu'elle emploie et qui sont chargés de s'occuper d'elle.

La jeune femme est sous pression, d'autant que du côté des « W », tous les voyants sont au rouge. L'administratrice de la succession de Daniel a transmis les documents de la veuve à la direction des services fiscaux. Pis encore, Claude Dumont-Beghi, après en avoir eu connaissance elle aussi, a saisi la balle au bond pour relancer son propre dossier et tenter de faire réviser la décision de justice. Ces nouveaux éléments changent la donne, affirme-t-elle, ils prouvent encore une fois la volonté de Guy de priver Sylvia d'une partie de la fortune de son mari.

À cette époque, l'avocate craint que les appuis politiques du représentant UMP de New York ne lui octroient la protection de Bercy. Elle se lance donc dans une véritable croisade pour alerter l'opinion publique sur cette affaire. Elle prend les médias à témoin, brandit les multiples courriers qu'elle a écrits à l'administration fiscale et au gouvernement, notamment à Philippe Parini, le directeur général des finances publiques, et à Éric Woerth, le ministre du Budget. Pour l'instant, ils n'ont donné aucun signe prouvant qu'ils s'intéressaient au dossier. Les Wildenstein seraient-ils au-dessus des lois ? s'interroge-t-elle publiquement.

Claude Dumont-Beghi décide de mener l'affaire au pénal et porte plainte contre X avec constitution de partie civile pour, entre autres, abus de confiance, organisation frauduleuse d'insolvabilité et blanchiment d'argent.

Le juge d'instruction Guillaume Daïeff est saisi de l'affaire. C'est un habitué des dossiers financiers complexes et celui des Wildenstein s'avère plein de promesses. Dès ses premières investigations, il découvre tous les éléments laissant présumer une fraude fiscale massive.

Comme l'exige la loi, Guillaume Daïeff rédige un courrier, un « soit transmis » adressé à l'administration fiscale le 23 novembre 2010. Il liste les trusts que la famille n'a pas déclarés. « Le patrimoine évadé dans les trusts apparaît être d'un montant très significatif[1] », signale le juge Daïeff qui précise : « Nous avons communiqué au procureur de la République de Paris [...] ces mêmes éléments de preuve afin qu'il prenne toute décision qu'il jugera opportune sur ces faits nouveaux. »

En matière d'impôts, la loi française a une particularité : seul le ministère du Budget peut enclencher une plainte pour fraude fiscale. Toute procédure à l'égard d'un éventuel fraudeur, Wildenstein ou autre, est donc subordonnée à Éric Woerth. La justice est soumise au politique. Et dans le cas de la famille Wildenstein, les mois passent sans qu'aucune plainte ne soit déposée. L'État français reste scrupuleusement silencieux, le ministère du Budget ne réagit pas.

Guy Wildenstein, lui, joue la montre. En janvier 2009, Sylvia a été opérée d'un cancer, il espère que l'affaire s'éteindra avec elle. Il croit encore en ses appuis politiques. Nicolas Sarkozy ne lui a-t-il pas remis la Légion d'honneur le 5 mars 2009[2] sur demande d'Éric Woerth, le ministre du Budget ? Cette décoration pose de graves questions sur l'intégrité du ministre, dont les services avaient reçu dès 2006 tous les éléments de la procédure civile transmise par la présidente de la cour d'appel de Paris. Ces informations étaient alors susceptibles de faire

1. Soit transmis à l'administration fiscale du 23 novembre 2010.
2. *Canard enchaîné*, 22 septembre 2009.

présumer l'existence d'une fraude fiscale. Éric Woerth, loin de s'en émouvoir, a préféré décorer ce fidèle donateur de l'UMP, ignorant les preuves pourtant en possession de Bercy. Qui s'en soucie ? Au début de l'année 2009, Claude Dumont-Beghi n'a pas encore médiatisé l'affaire, Guy Wildenstein est protégé par la discrétion ancestrale de ses aïeux, lui-même en suit les préceptes à la lettre. Personne n'est censé connaître ces petits arrangements avec la morale et les lois de la République. Guy Wildenstein est un très gros donateur de l'UMP qu'il faut choyer, quitte à fermer les yeux sur sa conduite.

L'arrêt de la cour d'appel du 16 juin 2010 donne raison à son attentisme. Le recours en révision déposé par Sylvia et son avocate, s'appuyant sur les nouveaux documents qu'elles ont obtenus auprès de Liouba Stoupakova, est rejeté. Les juges ne veulent pas entendre parler de ces nouveaux trusts sur lesquels Sylvia n'aurait aucun droit. Le président de la cour est particulièrement agacé par les demandes de la veuve : 500 millions d'euros, alors qu'elle dispose d'un appartement, d'une rente de 400 000 euros par an et qu'elle a déjà touché 15 millions d'euros de provision sur la succession. Il dénonce le « battage médiatique » engagé par l'avocate et le préjudice fait aux Wildenstein suite à ce « harcèlement procédural et de l'atteinte qui est portée à leur considération et à leur réputation ». Sylvia est condamnée à payer 150 000 euros de dommages et intérêts à la famille.

C'est un nouveau coup dur pour la veuve qui lutte contre la maladie et qui doit depuis quelques mois faire face aux huissiers. Elle est si endettée que son découvert s'élève à 4 millions d'euros à la BNP. On ne prête qu'aux riches : sa banque fermera longtemps les yeux sur sa situation, lui adressant tout au plus quelques courriers de relance. Sylvia maintient un semblant de train de vie à l'aide d'amis fortunés et grâce à l'argent qu'elle a reçu en déposant ses bijoux au mont-de-piété. Elle ne parvient plus à s'acquitter des salaires de son personnel, il lui reste malgré tout fidèle. La situation est telle qu'elle ne peut plus payer les réparations de sa Jaguar et c'est son chauffeur, Eduardo, qui en vient à lui prêter sa voiture.

Quant aux honoraires de son avocate, voilà des mois qu'elle ne peut plus les régler, ce qui ne décourage pas pour autant Claude Dumont-Beghi de continuer les procédures. Celle-ci ne se bat plus seulement pour les droits de sa cliente, son combat est devenu politique et personnel. Faute d'obtenir les sommes qu'elle souhaitait pour Sylvia, elle veut que le fisc français fasse payer Guy Wildenstein, la vengeant ainsi de son arrogance et de son mépris à l'égard de sa cliente et d'elle-même. Elle s'amuse des échos qu'elle reçoit de ses confrères : Guy Wildenstein a maintenant peur d'elle, il a compris qu'elle ne lâchera jamais. Il a raison.

Au printemps 2010, la France est agitée par un scandale politique qui va relancer une fois encore « l'affaire Wildenstein ». La fille de Liliane Bettencourt, l'une des plus grosses fortunes de France, tente de placer sa mère sous tutelle, persuadée que la vieille dame n'a plus toute sa tête et que son entourage en profite. Les « amis » de Liliane Bettencourt, dont, notamment, le photographe François-Marie Banier, s'y opposent. Une bataille judiciaire sans merci fait rage, les affaires de la famille se retrouvent sur la place publique. Elle atteint son paroxysme en juillet 2010 avec la publication par le journal en ligne *Mediapart* d'enregistrements de conversations entre la milliardaire et son conseil Patrice de Maistre. Ce dernier cite les noms d'Éric Woerth et de Nicolas Sarkozy, encourageant la vieille dame à leur verser de l'argent. Quelques jours plus tard, c'est au tour de la comptable de Liliane Bettencourt de confirmer les versements en espèces reçus par le ministre du Budget[1].

Celui qui se présentait comme un pourfendeur des paradis fiscaux, un héros de la lutte contre la fraude fiscale, est suspecté de trafic d'influence. Il aurait demandé la Légion d'honneur pour Patrice de Maistre en échange d'un poste pour sa femme dans l'une des sociétés de Liliane Bettencourt. La remise

1. *Mediapart*, 15 juillet 2010, « Bettencourt : de nouveaux témoignages sur les "enveloppes" aux politiques », Fabrice Arfi et Fabrice Lhomme.

de cette décoration est délicate à plus d'un titre : Patrice de Maistre a dissimulé une partie du patrimoine de la milliardaire au fisc. Dans les enregistrements, il évoque l'un des comptes suisses de la vieille dame devenu embarrassant et qu'il souhaite au plus vite transférer à Singapour :

Les choses avancent. On est en train de mettre le compte à Singapour parce que c'est plus fermé. Il était très mal géré [...]. J'ai demandé [...] de vendre ce qu'il y avait dessus. Mais il n'y a plus beaucoup d'argent. C'est moins dangereux pour vous. [...] Vous savez qu'actuellement le gouvernement permet aux gens de rapatrier des choses. Mais il faut faire très attention. Et puis il m'a dit, mais il a fait une gaffe, qu'il y avait un autre compte en Suisse. [...] Il faut qu'on s'en occupe. [...] On a jusqu'à Noël. À Noël, il faut que ce soit nettoyé. Il ne faut pas traîner.

Une milliardaire qui ne paye pas ses impôts comme elle le devrait, des avocats aux pratiques fiscales douteuses, des appuis politiques et des conflits d'intérêts, les mêmes ingrédients que l'affaire Wildenstein.

Un député socialiste, Alain Vidalies, ne manque pas de faire le parallèle à la tribune de l'Assemblée nationale[1] :

1. 6 juillet 2010, Assemblée nationale, questions au gouvernement.

Comme dans l'affaire Bettencourt, les Français découvrent que l'essentiel de la fortune est dissimulé dans des paradis fiscaux, en l'espèce Guernesey et les Bahamas. Comme dans l'affaire Bettencourt, l'administration fiscale a été informée de l'existence de ces sociétés écrans [...]. Comme dans l'affaire Bettencourt, il est établi que M. Guy Wildenstein est membre du fameux Premier Cercle collecteur de fonds pour l'UMP. Ainsi le 7 janvier 2007, M. Wildenstein se trouvait à New York aux côtés de M. Woerth, trésorier de l'UMP, pour récolter des fonds pour la campagne présidentielle de Nicolas Sarkozy. Comme dans l'affaire Bettencourt, l'administration fiscale est restée totalement inerte à ce jour.

Éric Woerth est blême, voilà des jours qu'il est sous le feu des accusations de l'opposition et des médias, la défense de François Baroin n'y changera rien, le ministre du Budget, malgré ses dénégations, est désormais associé à cette classe de Français qui profite de leur position pour ne pas jouer le jeu. Quelques mois plus tard, il n'est pas reconduit à son poste. Sa carrière politique fulgurante vient de connaître un brutal coup d'arrêt, il réintègre son mandat de maire à Chantilly.

Claude Dumont-Beghi jubile, elle en profite pour porter plainte contre X pour trafic d'influence, corruption active et passive et recel de blanchiment d'argent, visant ainsi Guy Wildenstein et Éric

Woerth. Peu importe si Sylvia ne la paye plus depuis un an, si elle ne cesse de lui dire qu'elle est ruinée et qu'elle la sent si lasse. Elle la pousse à continuer, elle sait que la maladie l'emporte sur sa cliente. Sylvia espérera jusqu'au bout voir condamner ceux qui l'ont trahie. À la mi-octobre 2010, elle s'inquiète auprès de son avocate de la lenteur de la justice et de l'échéance inéluctable de sa maladie. « Battez-vous. N'ayez pas peur. Vous n'êtes pas seule[1] », lui conjure son avocate lors d'un de leurs derniers rendez-vous.

« Je n'ai plus un sou, cette procédure m'a mise à genoux », expliquera Sylvia à une amie à la sortie de cet entretien. Effectivement, la veuve aura versé plus de dix millions d'euros à Claude Dumont-Beghi au cours de ces huit ans de combat judiciaire. Et c'est sans compter, ne manquera pas de me faire remarquer son avocate à plusieurs reprises, les honoraires dont Sylvia a cessé de s'acquitter et qui s'accumulent depuis des mois.

Quelques semaines avant son décès, elle s'enferme avec Claude Dumont-Beghi dans le bureau de son appartement. Sur ses conseils, elle rédige ses dernières volontés. Elle lègue les biens qui lui restent à ses amis, une somme d'argent à son chauffeur pour s'occuper de son chien Dolly. Dans ce testament, elle

1. Claude Dumont-Beghi, *L'affaire Wildenstein, histoire d'une spoliation*, L'Archipel.

demande à sa sœur, Tamara Eskenazi, son unique héritière qui vit aux États-Unis, de poursuivre son combat par l'intermédiaire, tient-elle à préciser, de son avocate Claude Dumont-Beghi.

Sylvia meurt le 13 novembre 2010. Guy Wildenstein s'opposera dans un premier temps à ce qu'elle repose dans le même caveau que Daniel, mais finira par céder. Sur le marbre, à côté du prénom de « Sylvia », c'est le nom de « Roth », et non celui de « Wildenstein », qui est gravé.

Jusqu'à la tombe, Guy reste sur sa position : la femme de son père n'est pas une Wildenstein.

À l'enterrement, Guy et ses enfants sont là tout comme Claude Dumont-Beghi. Ils se croisent impassibles, sans un regard les uns pour les autres. Sur le livre d'or, Jean-Paul Gallorini, l'entraîneur de Daniel puis de Sylvia, l'ami de la veuve qui s'occupa de ses chevaux jusqu'au bout, malgré les impayés et les menaces des fils, écrit ces quelques mots en guise d'adieu : « Vous étiez une biche dans la jungle, vous ne pouviez pas vous en sortir. »

Dans les jours qui suivent les obsèques, les lois de la « jungle » reprennent de plus belle. La sœur de Sylvia, venue assister à l'enterrement, renonce à l'héritage de sa sœur et abandonne ainsi toutes les procédures engagées par la veuve contre les Wildenstein. Claude Dumont-Beghi est folle de rage, elle fustige la trahison de Tamara qu'elle soupçonne d'avoir été « achetée » par Guy Wildenstein.

Sylvia laisse derrière elle d'énormes dettes et c'est peut-être ce qui a encouragé Tamara Eskenazi à clore cette affaire et à trouver un accord avec les Wildenstein. La perspective de se lancer comme sa sœur dans un combat judiciaire à l'issue incertaine et aux frais d'avocats prohibitifs aura certainement participé à ce choix.

Tamara, professeur à l'Institut juif des religions de Los Angeles, ne fait aucun commentaire sur sa décision. Elle préfère se consacrer à l'étude de la Bible dont elle est une spécialiste mondialement reconnue.

Guy aurait été disposé à payer les créanciers de Sylvia, ses employés de maison, son chauffeur, son entraîneur, les frais de gardiennage des chevaux. Mais s'il y a une facture dont il refuse de s'acquitter, ce sont les honoraires impayés de Claude Dumont-Beghi. L'avocate demande plusieurs millions d'euros. Cette somme reste en travers de la gorge du marchand d'art, d'autant que Claude Dumont-Beghi a déjà touché une dizaine de millions d'euros du vivant de sa cliente. À titre de comparaison, les deux avocats de Dominique Strauss-Kahn, des ténors du barreau de New York, auraient perçu huit millions d'euros.

Guy Wildenstein refuse de payer les dettes de Sylvia et rien ne l'y oblige. Rien ne lui permet non plus de contester auprès de l'ordre des bâtonniers la somme demandée par l'avocate. La procédure menée par Claude Dumont-Beghi a certes coûté très cher, mais n'est-ce pas le prix à payer pour une enquête internationale menée au Japon, aux États-Unis, aux Bahamas et en Suisse ? N'a-t-elle pas, durant des années, dédié l'essentiel de son temps à ce dossier ?

En France, les honoraires sont libres et après tout, les fils Wildenstein ont eux aussi dépensés des fortunes en avocats. Peut-être même bien plus que ce que leur aurait coûté Sylvia s'ils ne l'avaient pas écartée de la succession de leur père. L'entêtement de cette famille aura enrichi sans aucun doute les défenseurs des deux parties.

Guy Wildenstein ne paye pas Claude Dumont-Beghi, elle continue donc de le poursuivre en tant que créancière. Elle veut récupérer ses millions, et compte sur la succession de Daniel. Le marchand d'art croyait s'être débarrassé de l'avocate avec le décès de sa belle-mère, c'est raté !

Quant aux soucis fiscaux et judiciaires de la famille, ils sont loin d'être terminés. Sylvia est morte mais les investigations se poursuivent, conséquences des plaintes pénales déposées par la veuve. Le juge Guillaume Daïeff multiplie les commissions rogatoires, les demandes d'entraides internationales. Les avocats fiscalistes de la famille sont entendus en Suisse, aux États-Unis et en France.

Quelques jours avant le décès de l'ancien mannequin, le juge décide de s'attaquer à l'un des symboles de l'empire, ce lieu qui depuis plus d'un siècle nourrit fantasmes et conjectures par les secrets qu'il est censé renfermer : l'Institut Wildenstein.

8. LES COFFRES

Le jour n'est pas encore levé sur Paris que les enquêteurs de la brigade financière se présentent devant le large portail de fer du 57 rue La Boétie. L'un d'eux appuie sur la sonnette sans nom du siège historique de la dynastie des marchands d'art, l'œil de la caméra balaie la scène, la porte s'ouvre sans un bruit à l'énoncé du motif de cette visite matinale. Les policiers viennent perquisitionner l'Institut dans le cadre de la plainte au pénal de Sylvia Wildenstein pour abus de confiance et blanchiment d'argent. Ils agissent sur commission rogatoire du juge d'instruction Guillaume Daïeff.

L'Institut n'est plus qu'une vitrine symbolique du commerce des Wildenstein, depuis les années 1960 et les premiers soucis de Daniel avec le fisc : les stocks ont été transférés dans d'autres galeries à l'étranger, notamment dans celle de New York qui représente l'essentiel de leur activité lucrative. La galerie parisienne a définitivement fermé en 1978, le marché français étant devenu bien trop étriqué pour les marchands.

L'hôtel particulier de Wailly n'est pas pour autant une coquille vide, il renferme les archives de la famille, une source d'informations inestimable sur laquelle leur empire s'est établi. On y trouve des centaines de milliers de livres, de catalogues de ventes, de photographies de tableaux. La constitution de ce fonds documentaire unique au monde a été amorcée par Georges Wildenstein, passionné d'histoire de l'art dès son plus jeune âge. Daniel Wildenstein a poursuivi cette démarche en concentrant ses efforts sur la rédaction de catalogues raisonnés, un travail salué par les historiens de l'art et les professionnels du marché. Ces livres, parfois de plusieurs volumes, consacrés à un artiste, recensent l'ensemble des tableaux réalisés par le peintre avec, pour chacun d'entre eux si cela est possible, une photo, la taille de l'œuvre et le nom de son propriétaire actuel. À l'Institut Wildenstein, on trouve ainsi les fonds de documentation qui ont servi à l'élaboration d'une cinquantaine de catalogues tels ceux de Renoir, Gauguin, David et, le plus remarquable de tous, celui de Monet.

Je reviendrai plus tard sur l'extraordinaire atout que constituent ces archives pour les marchands d'art à l'égard de leurs concurrents. Ce matin d'octobre 2010, l'Institut est au cœur d'autres enjeux. La perquisition diligentée par le juge Guillaume Daïeff vise à établir un inventaire des biens de la famille et à identifier ceux qui auraient pu être dissimulés à Sylvia Wildenstein lors de la succession de son mari.

Les enquêteurs visitent les appartements privés des « W ». Pièce par pièce, ils procèdent méthodiquement, prennent des photos de tout ce qu'ils trouvent. Il n'y a plus grand-chose. Alec et Guy ont vendu aux enchères, par l'intermédiaire de Christie's, en 2005, la majeure partie du mobilier et des tableaux qui décoraient les lieux et dont une large part avait été acquise par Nathan Wildenstein. Cette vente fut âprement disputée par l'avocate de Sylvia qui estimait qu'une partie de ses fruits devait lui revenir ; elle avait rapporté plusieurs dizaines de millions d'euros aux deux héritiers.

Au cours de leur visite, les policiers s'enfoncent dans les sous-sols de l'Institut, là où sont installées les chambres fortes. Sur leur demande, l'un des gardiens ouvre l'une d'entre elles. Au premier coup d'œil, ils comprennent qu'ils ne sont pas venus pour rien.

Des centaines d'œuvres sont amassées, posées à même le sol. Il y a des bronzes, des aquarelles, des dessins, des peintures, dont certaines apparaissent très anciennes, parfois encadrées, parfois non. Les enquêteurs photographient chacune d'entre elles, s'attardent parfois sur un détail, une signature prestigieuse, un cachet de galerie.

Dans ce fouillis, un tableau représentant un paysage de forêt où se dessine une petite maison en arrière-plan retient l'attention d'un policier. C'est une huile de 46 centimètres sur 55 signée de l'artiste Berthe Morisot. Le fonctionnaire retourne la toile et découvre sur le cadre le titre de l'œuvre : *Chaumière en Normandie*, ainsi que le nom de son propriétaire : « Rouart ».

Il creuse ses souvenirs : il a déjà vu passer ce nom dans l'un des fichiers des services de police. Il décide de prendre plusieurs clichés de la toile à des fins de vérification.

Après avoir répertorié une à une les œuvres qu'ils ont découvertes, les enquêteurs referment la porte de la chambre forte et apposent un scellé. Ils reviendront plus tard. Il leur faut désormais procéder aux vérifications d'usage et, pour cela, ils ont besoin de l'aide de leurs collègues de l'Office central de lutte contre le trafic des biens culturels.

Grâce à cette perquisition, le juge Daïeff espérait en apprendre plus sur le patrimoine des Wildenstein mais il a, sans le savoir, ouvert un nouveau front judiciaire. Il vient d'exhumer le passé trouble de la dynastie des marchands d'art, leurs rapports ambigus avec les grandes familles de collectionneurs, leurs petits arrangements depuis des décennies avec la loi et, à nouveau, le fisc français.

Ce soir de novembre 2010, Yves Rouart décroche son téléphone et marque un temps d'arrêt à l'énoncé du motif de l'appel de l'enquêteur de l'Office central de lutte contre le trafic des biens culturels. L'information semble si improbable : au bout du fil, le policier affirme avoir retrouvé *Chaumière en Normandie*, une œuvre qu'il a déclaré disparue il y a près de vingt ans. Yves Rouart pensait ne jamais revoir ce tableau qui s'était « envolé » à l'occasion de la succession de sa tante, Anne-Marie, et pour lequel il avait bataillé durant des années afin d'en retrouver la piste.

Quand, le lendemain, cet homme, d'une soixantaine d'années se rend fébrilement à Nanterre, il se doute que le scénario auquel il a toujours cru était le bon. Il n'a aucun mal à reconnaître *Chaumière en Normandie* sur la photo qui lui est présentée. Et c'est sans réelle surprise qu'il apprend par le policier venu recueillir son témoignage que le tableau de Berthe Morisot a été retrouvé dans les coffres de l'Institut Wildenstein.

Voilà enfin la preuve que ce qu'il affirmait depuis des années était vrai : Daniel Wildenstein lui a volé une partie de son héritage.

La découverte par les policiers de *Chaumière en Normandie* est le dénouement d'une affaire de succession qui a débuté près de vingt ans auparavant et au cours de laquelle Yves Rouart s'est retrouvé aux prises avec Daniel Wildenstein et son fils Guy.

Tout commence en 1993 avec le décès d'Anne-Marie Rouart, la tante d'Yves. La vieille dame, veuve de Denis Rouart, descendant du peintre Henri Rouart, laisse derrière elle une extraordinaire collection de tableaux. Il s'agit d'œuvres de maîtres dont les noms sont depuis longtemps entrés dans l'histoire. Il y a, pour ne citer que les plus connus, des Renoir, des Monet – dont un *Nymphéa* –, des Gauguin, des Manet et beaucoup de tableaux de Berthe Morisot.

Comment cette vieille dame s'est-elle retrouvée en possession de tels chefs-d'œuvre ? L'arbre généalogique de la famille Rouart suffit à lui seul à le comprendre.

Les Rouart sont les descendants directs de Berthe Morisot, la célèbre peintre et amie des impressionnistes. Yves Rouart est son arrière-petit-fils. La famille est aussi liée par alliance à Édouard Manet : Berthe Morisot s'est mariée à son frère, Eugène, dont elle a eu une fille, Julie. Des liens familiaux qui valent aux Rouart d'hériter de quantité de tableaux de grands artistes de l'époque.

D'autant que Julie Manet eut pour tuteur le poète Stéphane Mallarmé et l'artiste Pierre-Auguste Renoir pour veiller à son éducation de peintre.

Au fil des générations, les tableaux de la famille ont pris beaucoup de valeur, certains ont été vendus pour payer une succession ou acheter un appartement. Ainsi, le célèbre portrait de Berthe Morisot peint par Manet, et exposé aujourd'hui comme une pièce maîtresse de son œuvre au musée d'Orsay, provient de la collection des Rouart. Il a été vendu à l'État plusieurs millions d'euros après que celui-ci s'est opposé à sa vente à l'étranger, afin de protéger la fuite d'une œuvre majeure du patrimoine français.

À la mort de son mari, Denis, Anne-Marie Rouart a hérité d'une belle partie de ces chefs-d'œuvre. Son appartement de Neuilly est un véritable musée, les tableaux couvrent les murs. Le *Nymphéa* de Monet trône au-dessus du canapé dans le salon, le Renoir est au-dessus du guéridon dans le bureau, *Chaumière en Normandie* décore le mur de sa chambre à coucher.

L'appartement, pourtant loin d'être petit, ne suffit pas à contenir l'ensemble de la collection. Anne-Marie Rouart laisse donc l'autre partie en gardiennage dans les coffres de l'Institut Wildenstein. Elle y place également en sécurité les tableaux de son appartement lorsqu'elle part en vacances.

Daniel Wildenstein est un ami de longue date du couple Rouart, il prête donc ses chambres fortes gratuitement à la vieille dame. Anne-Marie lui fait une confiance aveugle car, lorsque son mari était encore vivant, le marchand leur avait rendu quelques services dont certains peu avouables. Daniel Wildenstein avait ainsi mis à la disposition du couple son avion privé afin qu'il puisse transporter des tableaux en Suisse pour les « mettre à l'abri ». François Mitterrand venait tout juste d'être élu, les Rouart craignaient alors que les « communistes » nationalisent leurs biens et s'approprient certains de leurs chefs-d'œuvre.

L'ennemi n'est pourtant pas toujours celui que l'on croit, comme la famille Rouart en fera l'amère expérience.

Comment cette vieille lignée de peintres et de collectionneurs aurait-elle pu se méfier des Wildenstein ? Ses liens avec les marchands remontent à plusieurs générations. Georges Wildenstein rencontrait ainsi régulièrement Julie Manet, la grand-mère d'Yves Rouart, pour lui demander son avis sur des toiles de Berthe Morisot et confirmer certaines de ses expertises. Le marchand en vint à réaliser un catalogue raisonné des œuvres de Berthe Morisot qui était alors une artiste très connue chez les Anglo-Saxons. Du vivant de l'artiste, il lui avait rendu visite de temps à autre dans son atelier du

XVIe arrondissement de Paris, dont la rue a été rebaptisée Paul-Valéry depuis que l'écrivain y a vécu.

Les relations entre la famille de peintres et la famille de marchands s'étaient maintenues de loin en loin, puis il y eut le catalogue raisonné de Manet réalisé par Daniel aux côtés de Denis Rouart, l'oncle d'Yves. Le magnat de l'art envisageait d'éditer également un catalogue raisonné de Berthe Morisot (celui de son père était épuisé) aux côtés d'Yves Rouart, dont l'expertise sur les tableaux de son arrière-grand-mère était indiscutable. Cette collaboration ne vit jamais le jour, les relations entre les deux hommes ayant pris un virage judiciaire qui dissuada Yves Rouart de maintenir un quelconque lien, même professionnel, avec Daniel.

Denis Rouart et Daniel Wildenstein furent amis dans la vie et en affaires, il n'est donc pas surprenant qu'à la mort d'Anne-Marie Rouart, Daniel ait été nommé exécuteur testamentaire aux côtés d'une autre connaissance du couple, Jean-François Daulte, le directeur du musée de l'Hermitage en Suisse.

Anne-Marie Rouart avait préparé sa succession et rien ne devait être laissé au hasard. Dans son testament, elle léguait sa collection de tableaux – la plus importante partie de son héritage – à l'Académie des beaux-arts. Ce choix s'ancrait dans la tradition des grandes familles de collectionneurs et de peintres français. En effet, l'institution bi-centenaire bénéficie aujourd'hui encore de leurs largesses et offre, pour les vieilles fortune de l'Hexagone, la garantie que leurs œuvres seront entre de bonnes mains. L'Institut de France dont dépend l'Académie des beaux-arts a ainsi reçu des donations extraordinaires du fils de Claude Monet, Michel Monet, du collectionneur Henri Duhem et même de Daniel Wildenstein (une collection d'enluminures rassemblées par son père). L'une des dernières donations en date est celle de Liliane Bettencourt en mémoire de son mari André Bettencourt, qui fut membre de l'Académie des beaux-arts jusqu'à sa mort en 2007.

Le choix d'Anne-Marie Rouart de léguer ses tableaux à l'Académie des beaux-arts, s'il est classique, pose pourtant dès le départ de sa succession des questions autour de la partialité des exécuteurs testamentaires. En effet, Daniel Wildenstein et Jean-François Daulte sont tous deux académiciens, ils sont par conséquent juge et partie. Le conflit d'intérêts est manifeste mais personne n'ose alors soulever ce point – y a-t-on même pensé ? La notoriété des deux hommes leur sert de laissez-passer.

La vieille dame est généreuse envers l'État mais elle n'oublie pas son neveu préféré : Yves Rouart. Elle le couche sur son testament et lui lègue les

« meubles meublant » de son appartement de Neuilly. Ce concept juridique un peu abscons définit tout ce qui meuble et décore le domicile d'une personne. Dans le cas d'Anne-Marie Rouart, cette notion a son importance car parmi ces objets de décoration, il y a les tableaux de maîtres accrochés aux murs.

Yves Rouart n'est pas un homme méfiant. C'est un amateur d'œuvres d'art – comment pourrait-il en être autrement lorsque l'on est l'arrière-petit-fils de Berthe Morisot ? –, descendant bourgeois-bohème d'une famille d'artistes dont il a gardé un caractère un peu fantasque et un humour décalé. Depuis le plus jeune âge, il a grandi entouré de chefs-d'œuvre. Chez sa grand-mère Julie Manet qui l'adorait et le gâtait – elle lui offrit une décapotable pour ses dix-huit ans pour le conduire à Drouot quand elle le souhaitait –, il y a ainsi des toiles sur tous les murs de son appartement. Et parmi toutes ces merveilles à faire pâlir les plus grands collectionneurs, des tableaux de Manet et de Corot sur lesquels Yves jette un coup d'œil à chaque fois qu'il lui rend visite. En ce temps-là, le jeune homme perçoit ces chefs-d'œuvre davantage comme des souvenirs de famille que l'on oublie à force de les avoir sous les yeux que comme des toiles signées par les plus grands peintres impressionnistes, d'une valeur de plusieurs dizaines de millions d'euros.

Yves Rouart vient d'une famille d'artistes ; Daniel Wildenstein, d'une dynastie de marchands. Deux conceptions de l'art et de l'argent très différentes. C'est peut-être ce qui explique aussi les débuts chaotiques de la succession d'Anne-Marie Rouart.

Yves n'est pas très vigilant, il fait confiance au commissaire-priseur et aux deux exécuteurs testamentaires. À l'ouverture de la succession, c'est l'un de ses cousins qui l'avertit d'un fait peu commun : lorsqu'il est entré dans l'appartement de sa tante, tous les tableaux accrochés au mur étaient déposés sur le sol.

L'acte n'est pas anodin. En déposant les tableaux du domicile d'Anne-Marie Rouart par terre, comme si la vieille dame n'avait jamais pris soin de les accrocher et vivait dans un capharnaüm pour le moins étonnant, les exécuteurs testamentaires ou leurs acolytes ont changé leurs statuts. Les tableaux ne sont plus considérés comme des meubles meublant, des éléments de décoration de l'appartement. Yves Rouart n'en est donc plus le bénéficiaire.

Par un tour de passe-passe, non seulement les œuvres du domicile d'Anne-Marie Rouart ont été déposées au sol afin qu'Yves Rouart n'en soit plus l'héritier mais, pour ajouter à la confusion, la collection que Daniel Wildenstein conservait en sûreté dans les coffres de l'Institut a été transportée et mélangée au reste des tableaux. Il n'est plus possible de faire la distinction entre les tableaux « meubles meublant » revenant à Yves Rouart et les tableaux de la collection légués à l'Académie des beaux-arts.

Yves Rouart comprend les conséquences de cette manœuvre à la lecture de l'inventaire de la succession. Il ne lui reste que quelques œuvres mineures. La plupart de celles qui étaient accrochées aux murs chez sa tante sont léguées à l'Académie des beaux-arts.

Les deux exécuteurs testamentaires l'ont trompé, il engage donc une première procédure au civil pour s'opposer à la proposition de partage. Par chance, il existe de nombreux clichés pris dans l'appartement de sa tante. Les tableaux ont été méticuleusement photographiés sur les murs afin de servir de preuves pour les assurances en cas de vol. Sur l'un de ces clichés, on retrouve le tableau de Berthe Morisot, *Chaumière en Normandie*.

Une longue bataille judiciaire s'engage, Yves Rouart s'efforce d'obtenir les cahiers d'entrée et de sortie de l'Institut Wildenstein afin d'identifier les tableaux de sa tante qui y étaient entreposés. Les avocats de Daniel Wildenstein et de Jean-François Daulte soutiennent qu'Anne-Marie Rouart changeait régulièrement les tableaux accrochés aux murs de son appartement et qu'il n'est donc pas possible de distinguer les « meubles meublant » du reste de la collection. Dans cette partie de bonneteau surréaliste, des millions d'euros sont en jeu.

Et ce n'est que la première étape de ce qu'il y a tout lieu de considérer comme une « arnaque » de haut niveau.

Au fil des informations arrachées par son avocat à Daniel Wildenstein, Yves Rouart découvre que, non seulement les exécuteurs testamentaires tentent de le spolier de son héritage au profit de l'Académie des beaux-arts, mais qu'en plus des toiles ont « disparu ». L'héritier ne retrouve plus, dans la confusion organisée de cette succession, les fameux tableaux de Manet et les Corot qu'il voyait régulièrement chez sa grand-mère et que sa tante avait en sa possession.

Le petit-fils de Julie Manet interroge sa sœur, sa mère, ses cousins, la famille fouille ses souvenirs. Mais où sont passées ces œuvres ?

Aussi incroyable que cela puisse paraître pour des observateurs extérieurs, les Rouart ont tant de tableaux qu'ils s'y perdent un peu, au point d'en avoir oublié certains. La sœur d'Yves se rappelle l'épisode de l'avion privé de Daniel Wildenstein. Mais que sont devenues ces toiles que son oncle et sa tante avaient transportées en Suisse et confiées aux bons soins du marchand d'art ?

Yves Rouart poursuit ses investigations et établit une liste des tableaux manquants – une quarantaine. Parmi eux on retrouve *Chaumière en Normandie*, qui réapparaîtra quinze ans plus tard dans les coffres de l'Institut Wildenstein.

À ce stade de l'affaire, les deux exécuteurs testamentaires nient encore farouchement détenir ces tableaux. Yves Rouart se rend en personne rue La Boétie pour rencontrer Daniel Wildenstein et tenter de négocier avec lui. Celui-ci l'accueille tranquillement derrière son bureau Louis XV. Après un entretien poli, l'héritier tente de prêcher le vrai pour le faux, désignant le directeur de l'Hermitage comme le principal coupable de sa spoliation :

— Je sais que Jean-François Daulte a mes tableaux, faites quelque chose, dites-lui de me les rendre.

— Je ne peux pas, il ne veut rien savoir. Jean-François aime trop l'argent ! s'exclame le marchand d'art, avouant par là même sa complicité, au moins tacite, dans la manœuvre.

En sortant de cet entretien, Yves Rouart n'est pas plus avancé. Certes, il a maintenant des certitudes, mais aucun élément tangible pour prouver qu'il a été victime d'un vol. À plusieurs reprises, des membres de la famille Rouart retourneront voir Daniel pour tenter de trouver une issue à ce conflit, mais celui-ci sait que dans cette affaire il est intouchable : les preuves font défaut.

Tout serait probablement resté en l'état si un événement n'était pas survenu de l'autre côté de la frontière, en Suisse.

En 1998, Jean-François Daulte, le conservateur du musée de l'Hermitage, décède à Lausanne. Sa succession est ouverte, le greffier de justice et un représentant des impôts procèdent comme le veut la loi suisse à l'ouverture du coffre-fort de l'académicien au Crédit suisse, sous le regard de ses deux enfants.

À l'intérieur, les héritiers ont la surprise de découvrir des tableaux qui leur sont parfaitement inconnus et dont l'origine leur semble rapidement très douteuse. Devant leur trouble – la fille de l'académicien travaille au musée Marmottan, et la découverte est délicate dans sa position –, le greffier décide de lancer un avis de recherche dans *Le Figaro* en juillet 1998 afin de mettre la famille en règle en cas de litiges. Un délai est fixé par l'office des successions de Lausanne afin qu'un éventuel créancier se fasse connaître. Yves Rouart apprend la nouvelle et envoie une lettre au tribunal de Lausanne dans laquelle il rappelle la procédure qu'il a engagée en France et liste les tableaux détournés.

La réponse intervient un mois plus tard : vingt-quatre œuvres trouvées dans le coffre, des aquarelles pour la plupart, appartiennent à la succession d'Anne-Marie Rouart. Il y a, entre autres, un tableau de Gauguin, plusieurs dessins de Degas et de Manet, dont un portrait de Manet par Degas, de « petites choses » selon les termes d'Yves Rouart qui, au-delà de leur valeur, qui est loin d'être anodine cependant, ont le grand mérite de prouver que l'arrière-petit-fils de Berthe Morisot avait raison. Jean-François Daulte détenait une partie de ses tableaux « disparus », l'académicien avait bien volé des œuvres chez sa tante. Yves est conforté dans son idée que l'autre partie se trouve chez Daniel Wildenstein, à l'Institut. Les deux exécuteurs testamentaires ont dû se partager le magot, conclut-il.

Face aux tableaux dérobés par son père, Olivier Daulte a, sous contrôle de l'huissier de justice, reconnu qu'il y en avait « peut-être d'autres... ». Derrière l'image de ce notable suisse, membre de l'Académie des beaux-arts, il y avait donc un homme prêt à tout pour enrichir sa collection, y compris piocher dans la succession d'une vieille dame.

La découverte est scandaleuse, elle ne fera pourtant que quelques lignes dans les journaux suisses. Elle sera en revanche largement relatée en France dans les pages du *Figaro*. Le journal s'interroge sur la probité de cet académicien, ce qui est du plus mauvais effet pour l'institution dont la plupart des donateurs sont des lecteurs assidus du *Figaro.* Ne risquent-ils pas de détourner leurs legs vers d'autres organismes ? L'Académie des beaux-arts se retrouve dans une situation très délicate car elle a péché par son inaction. Non seulement elle n'a pas porté plainte aux côtés d'Yves Rouart lorsque celui-ci a constaté la disparition de plusieurs tableaux (elle était pourtant légataire d'une partie de ces œuvres qui relèvent du patrimoine national) mais, de plus, elle a conservé longtemps le même avocat que Daniel Wildenstein pour sa défense. À croire que les intérêts du marchand d'art étaient les mêmes que ceux de l'Académie. Le conflit d'intérêts ne fait guère de doute, la situation n'est plus tenable.

L'Académie des beaux-arts entame donc des négociations avec Yves Rouart. Les discussions sont âpres, l'héritier doit se plier à quelques concessions, il craint qu'en cas de procès, la justice privilégie les intérêts de l'État plutôt que les siens. Il signe finalement une transaction qui ne le satisfait qu'en partie et récupère une quinzaine d'œuvres dont certaines sont alors exposées à Marmottan, le musée de l'Institut de France. C'est un revers sévère pour l'institution car son conservateur est contraint de décrocher des tableaux exposés au musée afin de les rendre à Yves Rouart. Quant aux aquarelles découvertes en Suisse, elles sont attribuées d'office à l'héritier – l'Académie n'ose pas les revendiquer.

L'affaire n'est pas pour autant terminée, il manque toujours cinq tableaux, parmi les plus beaux de la collection d'Anne-Marie Rouart : trois Manet, dont *La chanteuse de café-concert* évaluée à 20 millions d'euros, *La bohémienne rêveuse* de Corot, l'un des chefs-d'œuvre de l'artiste et la *Chaumière en Normandie* de Berthe Morisot. Il y en aurait au total pour une cinquantaine de millions d'euros.

Les fameux Manet, souvenir d'enfance d'Yves Rouart chez sa grand-mère, sont toujours portés disparus.

Jusqu'à la perquisition de l'Institut, l'héritier aura l'intime conviction que ces tableaux sont dans les coffres des Wildenstein. Il demandera par voie d'avocat à Daniel puis à Guy de vérifier s'ils ne conservaient pas des œuvres appartenant à sa tante, mais ses démarches resteront lettre morte. Quoi qu'il en soit, aujourd'hui, ces chefs-d'œuvre sont invendables sur le marché : ils sont très facilement identifiables et personne ne prendrait le risque de les acquérir.

En 2007, Yves Rouart croit un temps avoir retrouvé la trace de l'un d'entre eux à l'occasion d'une indiscrétion. Un galeriste parisien de renom le contacte pour lui demander, en tant qu'expert de

Berthe Morisot, s'il connaît le tableau de sa grand-mère appelé *Chaumière en Normandie.* On propose de le vendre à un de ses amis à New York, explique le galeriste. « C'est un très bon tableau, répond Yves Rouart, le seul problème, c'est qu'il est déclaré disparu. »

Dès l'information connue, il prévient les gendarmes qui tentent d'identifier le vendeur. Ils interrogent le galeriste, obtiennent le nom d'un courtier par qui la vente devait se faire. Entendu, ce dernier affirme que c'est Alec Wildenstein qui lui a proposé la toile. Cette déclaration aurait dû relancer l'affaire, il n'en est rien. L'enquête s'arrête là, l'aîné des Wildenstein ne sera jamais interrogé, il est déjà très malade. On peut d'ailleurs se demander si Alec ne servait pas de paravent à Guy, ce dernier étant bien plus au fait de cette affaire que son frère.

En effet, dès le début de la succession d'Anne-Marie Rouart en 1993, c'est Guy qui est officiellement l'exécuteur testamentaire de la vieille dame, Daniel Wildenstein lui ayant donné son mandat afin de le seconder dans les démarches. À la mort de Daniel, il a hérité du dossier et maintient la même ligne de défense que son père.

J'ai retrouvé une interview du cadet des Wildenstein sur l'affaire Rouart réalisée en 1998 par les journalistes Marie-France Saurat et Jean-Pierre

Moscardo pour la chaîne Canal Plus. Cet entretien filmé n'a jamais été diffusé et à la lumière des événements d'aujourd'hui, il prend une dimension particulière.

Dans l'un des salons de l'hôtel particulier de la rue La Boétie, on découvre les deux journalistes face à Guy Wildenstein. L'échange est vif, ils l'interrogent sur les accusations portées par Yves Rouart à l'encontre de son père et de lui-même. Hautain et cassant comme à son habitude, Guy assène : « Tout ça, ce ne sont que des histoires, M. Rouart en demande trop. Il nous a déjà fait croire que les tableaux sont des meubles meublant, c'est insensé. Il devrait être déjà largement satisfait des tableaux qu'il a reçus de sa tante. » Et peu importe les textes de loi sur les « meubles meublant » et les droits dont disposent les héritiers.

Loin de se contenter de cette réponse, les deux journalistes abordent alors la question des tableaux disparus. Le fils Wildenstein s'emporte : « Mais comment voulez-vous que je sache où ils sont ? »

On peut légitimement penser que ce jour-là, alors que Guy balaie les accusations de quelques affirmations péremptoires, *Chaumière en Normandie* dort déjà tranquillement quelques étages en dessous.

Depuis la perquisition à l'Institut Wildenstein, un juge d'instruction a été saisi et enquête sur la trentaine de tableaux litigieux découverts dans les coffres.

Yves Rouart me reçoit un après-midi dans l'atelier de Berthe Morisot situé au rez-de-chaussée de l'hôtel particulier de la famille, rue Paul-Valéry. Lui qui a longtemps cru que Daniel et Guy Wildenstein étaient intouchables savoure cette première victoire. « La découverte de *Chaumière en Normandie* à l'Institut est la preuve que ce que je soupçonnais était vrai, m'explique-t-il d'une voix calme, les Corot et les Manet sont dans les coffres des Wildenstein. Aux ports francs de Genève ou ailleurs. Ils ont des galeries dans le monde entier, on ne pourra jamais les retrouver. »

La justice aura-t-elle les moyens et la volonté de lancer des commissions rogatoires internationales afin de réaliser des perquisitions dans les coffres des galeries de New York ou de Tokyo ? Pourra-t-elle accéder aux ports francs suisses et notamment à ceux de Genève ? Yves Rouart en doute, la traque de ses tableaux disparus il y a près de vingt ans se heurte à l'organisation internationale de l'entreprise Wildenstein.

Pour l'instant, les enquêteurs ont concentré leurs efforts sur le tableau de Berthe Morisot. Guy Wildenstein a été entendu par les policiers et mis en examen pour recel d'abus de confiance. Il est resté libre, sans contrôle judiciaire, mais le marchand d'art a connu des moments difficiles lors de l'interrogatoire du juge Dando.

— *Pourquoi conserver le tableau* Chaumière en Normandie *alors qu'il était recherché ?*

— *J'ignorais qu'il se trouvait dans le coffre. Nous n'avons pas d'inventaire de ce coffre.*

— *Comment se fait-il qu'après l'assignation au civil d'Yves Rouart vous n'ayez pas immédiatement contrôlé le contenu de votre chambre forte ?*

— *J'habitais New York, mon père était président de l'Institut, ensuite, après la mort de mon père en 2001, c'est mon frère Alec qui lui a succédé. Et ce n'est qu'au décès de mon frère en 2008 que je l'ai remplacé dans ses fonctions.*

— *Mais, précisément, lorsque vous entrez dans ses fonctions, vous n'inspectez pas la chambre forte ?*

— *Depuis 2001, je fais face à des conflits familiaux depuis la mort de mon père, qui se sont envenimés après la mort de mon frère. En même temps, je faisais face à des problèmes de trésorerie qui m'ont d'ailleurs amené à faire quelques modifications dans les horaires de travail des collaborateurs de l'Institut, ce qui a conduit certains collaborateurs à refuser et à demander leur licenciement. Donc, je n'ai pas inspecté ce coffre. Nous n'avons jamais eu d'inventaire de ce coffre.*

— *Mais vous vous rendez tout de même régulièrement, selon vos déclarations, dans cette chambre forte, mais vous n'avez jamais vu ce tableau.*

— *Quand je dis régulièrement, ce n'est pas tout à fait vrai, car durant mes séjours à Paris, je m'occupais des réunions du comité et je ne me suis pas toujours rendu dans ce coffre.*

— *La chambre forte où était détenu ce tableau est une petite pièce que l'on inspecte rapidement ?*

— *Les tableaux s'y trouvent apposés contre le mur, face contre le mur. Parfois, les œuvres ont été décrochées. Le coffre était souvent encombré par des petits ou moyens tableaux en attente d'exportation aux États-Unis. Il y avait également des tableaux que la galerie achète. Que nous mettons dans ce coffre dans l'attente d'exportation ou de restauration.*

— *Ce tableau lorsqu'il a été découvert portait sur le châssis l'étiquette : Mme Ernest Rouart ?*

— *Tous les tableaux de la collection Rouart portent des étiquettes, cela aurait dû attirer mon attention. J'ai appris au moment de la perquisition que ce tableau était enveloppé, ce qui me permet de dire que je n'ai peut-être pas vu cette étiquette .*

[...]

— *Sachant qu'il y avait une plainte s'agissant de la disparition de tableaux de la collection Rouart vous n'avez jamais à aucun moment vérifié qu'il n'y en avait pas dans votre coffre alors même que vous étiez exécuteur testamentaire en titre ?*

— Non, jamais. Je n'avais pas de raison de douter de ce que m'avait dit mon père dans son fax. D'autant que le musée Marmottan ne m'avait pas dit qu'il manquait quoi que ce soit au legs.

Soutenir que l'Institut Wildenstein ne dispose pas d'inventaire de ses coffres soulève quelques interrogations lorsque l'on connaît le travail minutieux réalisé dans cet Institut depuis des générations en matière de documentation et d'archivage. C'est un peu comme si un banquier ne retrouvait pas les clés de ses coffres.

Quant à l'affirmation de Guy Wildenstein selon laquelle il ne savait pas que *Chaumière en Normandie* était recherché, elle vise à créer une confusion sur les demandes multiples d'Yves Rouart depuis quinze ans. Guy oublie de préciser qu'il était le destinataire de l'une des plaintes d'Yves Rouart déposée en 1995 et où figure le titre du tableau de Berthe Morisot.

Le cadet des Wildenstein peut difficilement laisser entendre qu'il n'a jamais inspecté les chambres fortes de l'Institut, lui qui, déjà en 1998, répondait à la question des journalistes sur les tableaux disparus par un définitif : « Comment voulez-vous que je sache où ils sont ? » Comment, surtout, après cette interview, n'est-il pas allé vérifier dans ses chambres fortes que son père ou lui-même n'avait pas « oublié » un tableau d'Anne-Marie Rouart ?

Yves Rouart s'est empressé de porter plainte contre le marchand d'art dès la découverte du tableau. Signe d'un changement d'époque, l'Académie des beaux-arts s'est, elle aussi, portée partie civile.

Son président, Laurent Petit-Girard, me confiait ses doutes sur l'intégrité de cet académicien un peu particulier que fut Daniel Wildenstein. Lorsque je fis la connaissance de ce compositeur et chef d'orchestre, il n'était à la tête de l'institution que pour un an, comme le veulent les statuts de l'Académie. Peu au fait des pratiques du monde du commerce de l'art et encore moins de celles de Daniel Wildenstein qu'il n'avait jamais connu (il a été élu académicien en 2000), il découvrait le passif de l'Académie dans la succession d'Anne-Marie Rouart. « Sans aucun doute, l'Académie aurait-elle dû porter plainte à l'époque, reconnaissait-il, mais Daniel Wildenstein était un membre éminent, reconnu de ses pairs. Il était le plus grand des experts et donc au-dessus de tout soupçon. »

Laurent Petit-Girard a tenté d'en savoir un peu plus auprès du secrétaire perpétuel de l'Académie, Arnaud d'Hauterives. Ce dernier a suivi toute l'affaire et connaissait bien Daniel Wildenstein. Sur ce sujet, il a préféré rester très évasif. Sous la coupole du quai de Conti, on célèbre le passé, on ne le remue pas.

Yves Rouart en veut beaucoup à l'institution. Depuis la perquisition, il conteste le protocole d'accord signé en 2000 au motif qu'il a été trompé par les exécuteurs testamentaires. Il a décidé d'assigner l'Académie des beaux-arts en justice afin de faire annuler la transaction.

Faudra-t-il à nouveau que le conservateur du musée Marmottan décroche des tableaux de ses cimaises ? Parmi les pièces majeures provenant du legs d'Anne-Marie Rouart, il y a une très belle collection d'œuvres de Berthe Morisot qui attire chaque année des milliers de visiteurs. Ce serait une grande perte pour le public et pour l'État français.

Sylvia Wildenstein est morte et sa plainte continue de miner la réputation des Wildenstein, ses conséquences sont devenues imprévisibles. La perquisition réalisée par le juge Guillaume Daïeff en est un exemple saisissant, d'autant que les tableaux Rouart n'étaient qu'une pièce du mystère ainsi révélé. D'autres œuvres trouvées dans la chambre forte vont à leur tour parler.

9. LES COLLECTIONNEURS

Trois cent cinquante œuvres furent photographiées dans les coffres de l'Institut Wildenstein. Une fois les scellés posés, les enquêteurs de l'Office central de lutte contre le trafic des biens culturels ont été mis à contribution par leur collègue de la brigade financière afin de procéder à des vérifications systématiques sur leurs origines. Le tableau d'Yves Rouart a été reconnu au premier coup d'œil mais d'autres œuvres vont s'avérer plus difficiles à identifier, plus « problématiques » dans leur histoire et leur parcours.

Les policiers et gendarmes de l'OCBC sont spécialisés dans ce type d'enquête. Ils jonglent avec les dossiers de vols d'œuvres d'art, de tableaux ou d'antiquités et la lutte contre les faussaires et les trafiquants en tout genre. Dans leur périmètre d'action, ils traitent aussi des questions de l'expertise. Ce dernier domaine est complexe car dans le monde des marchands d'art, la frontière entre la bonne affaire et l'abus de confiance est parfois très ténue.

Dans cet univers feutré, les pratiques n'en sont pas moins brutales, au point que les professionnels de ce commerce parlent de leur métier comme d'un « milieu » où seuls les « affranchis » s'en sortent. Un simple tableau ne peut-il pas rapporter plusieurs dizaines de millions d'euros ? C'est bien plus rentable que le trafic de drogue ou les braquages pour qui sait s'y prendre. Dans les dossiers de l'OCBC, on trouve donc tout autant des affaires de voyous détrousseurs d'églises, des brocanteurs douteux, des commissaires-priseurs malhonnêtes que des marchands d'art peu scrupuleux. Le grand banditisme croise de temps à autre le chemin de cette délinquance en « cols blancs », astucieuse et raffinée.

À la suite de la perquisition de l'Institut Wildenstein, ce sont quelques-uns des ingrédients de ce « milieu » que policiers et gendarmes vont retrouver pêle-mêle au gré de leurs investigations. Au centre de leurs préoccupations, une trentaine d'œuvres de la chambre forte identifiées grâce aux initiales « GR » inscrites sur les châssis des tableaux. Comme dans le cas de la succession d'Anne-Marie Rouart, elles ont été signalées « disparues ou volées » par un des membres d'une grande famille de collectionneurs de l'entre-deux-guerres : les Goujon-Reinach.

Aux côtés de ces lettres « GR », les enquêteurs découvrent des croix gammées, signe que ces œuvres furent l'objet de spoliations nazies. Dans un premier temps, ils soupçonnent les Wildenstein, du fait de leur réputation sulfureuse pendant la guerre (voir chapitre 10), d'avoir récupéré ces tableaux auprès des forces de l'Axe. Mais après quelques vérifications, ils abandonnent cette piste.

Si ces tableaux ont fini dans les coffres de l'Institut, c'est par une autre voie dont les sinuosités vont les plonger dans l'histoire familiale mouvementée des Goujon-Reinach.

À travers les Goujon-Reinach se dessine un pan de l'histoire du marché de l'art entamée à la fin du XIXe siècle lorsque les grandes familles de banquiers se lancèrent dans l'acquisition de collections d'art et tissèrent des liens durables avec les nouvelles dynasties de marchands, participant ainsi à leur ascension fulgurante. La famille Goujon-Reinach choisit entre autres celle des Wildenstein pour se constituer de remarquables collections. Leurs trajectoires se croisèrent et se mêlèrent pendant plus d'un siècle avant de se séparer définitivement un jour de novembre 2011 dans les chambres fortes de l'Institut.

Avant cette issue navrante, les deux familles furent en affaires tout au long du XXe siècle. Elles s'achetèrent et se vendirent des toiles, devinrent amies puis perdirent le fil de leur histoire commune au point de devenir des ennemis irréconciliables. La fin d'une époque.

Cette aventure avait débuté avec Nathan Wildenstein. Le fondateur de la dynastie fut l'un des premiers à saisir l'air du temps, ce nouvel engouement du monde des affaires et de la politique pour les œuvres du passé. La bourgeoisie argentée s'offrait en cette fin de XIXe siècle une toile comme on s'achète une légitimité, afin d'acquérir à travers quelques Fragonard, Boucher ou Watteau un passé qu'elle enviait à la noblesse. Nathan, le fils de maquignons, se retrouva à vendre aux fortunes les plus prestigieuses : les banquiers Rothschild et David-Weill, le financier et aventurier Calouste Gulbenkian, le richissime collectionneur mexicain Carlos de Beistegui et, bien sûr, les fils Reinach.

Ces derniers, Joseph, Salomon et Théodore Reinach, n'étaient pas de simples rentiers, ils devinrent collectionneurs par passion, eux dont l'érudition était légendaire. Les trois frères étaient extrêmement doués, férus d'histoire et d'art – leurs initiales, JST, leur valurent par les chansonniers le surnom des « frères-je-sais-tout ».

Salomon était un célèbre archéologue, membre de l'Institut de France, professeur en histoire de l'art à l'école du Louvre et directeur de *La Gazette des beaux-arts* qu'il revendit par la suite à Georges Wildenstein. Théodore fut quant à lui un brillant historien, spécialiste de la Grèce antique, mathématicien, musicologue et philologue, détenteur de précieux manuscrits. Enfin, Joseph, l'aîné, s'était lancé dans la politique. Cofondateur de la Ligue des droits de l'homme, il fut un ami d'Émile Zola et un défenseur acharné de Dreyfus, ce qui lui valut les foudres des antisémites et de la presse nationaliste.

Ces trois hommes érudits s'attachèrent les services de Nathan Wildenstein puis de Georges pour se constituer une collection de tableaux. Au-delà de ces échanges purement commerciaux, Salomon Reinach fit partager à Nathan l'autodidacte ses connaissances en histoire de l'art ; il lui ouvrit les portes de ses relations et l'aida à asseoir son négoce.

Les œuvres retrouvées un siècle plus tard dans les coffres des Wildenstein trouvent leur origine dans la collection de Joseph Reinach. Des JST, il était le plus passionné d'art moderne et avait acquis de nombreux tableaux. Sa collection fut transmise à sa mort en 1921 à son petit-fils Jean-Pierre et à sa fille Julie. Cette dernière, épouse de Pierre Goujon, lui-même grand collectionneur mort au front en 1914, se retrouva au lendemain de la Première Guerre mondiale propriétaire de l'une des plus prestigieuses collections françaises, dans laquelle figuraient de grands noms tels que Monet, Manet, Degas, Gauguin, Cézanne, Corot et Van Gogh.

La collection comptait plus de trois cents toiles dont la plupart ornaient leur hôtel particulier de Saint-Germain-en-Laye. Lorsque vint la Seconde Guerre mondiale, Julie Goujon-Reinach et les siens refusèrent de quitter la France. La fille de l'antidreyfusard se croyait protégée du régime de Vichy par son illustre mari, député mort au champ d'honneur. Il n'en fut rien, les lois antisémites s'imposèrent sans pitié aux Goujon-Reinach. Leur hôtel particulier fut incendié, pillé de ses inestimables tableaux qui furent transportés au Jeu de paume à Paris avant d'être dispersés.

Plusieurs membres des familles Goujon et Reinach furent déportés et moururent dans les camps. L'une des deux filles de Julie, Suzanne, en revint vivante mais très affaiblie, gardant des séquelles toute sa vie au point d'être placée sous tutelle. À plus de quatre-vingt-dix ans, elle est aujourd'hui toujours vivante.

Au lendemain de la guerre, Julie Reinach épouse Goujon obtint, grâce aux archives très détaillées de sa collection (elles avaient pu être sauvées des Allemands), la restitution d'une grande partie des tableaux spoliés par les nazis. Les autres demeurèrent à jamais introuvables, contribuant au mystère de cette collection malmenée par l'Histoire.

Julie reprit les habitudes de son père et resta une fidèle inconditionnelle des Wildenstein. Elle confiait les tableaux qu'elle souhaitait vendre aux bons soins du 57 rue La Boétie. Par sécurité, elle laissait également certaines pièces de sa collection dans les coffres de l'Institut. Georges puis Daniel offraient gracieusement leurs services de gardiennage, conscients qu'ils choyaient ainsi leurs relations avec cette illustre descendante de Joseph Reinach. Si Julie désirait soudain vendre un tableau, ils en étaient les premiers informés, ne serait-ce que parce qu'il fallait le sortir du coffre. Un atout non négligeable pour un marchand.

Julie connaissait bien le marché, elle traitait d'égal à égal avec les « W » et vendait correctement ses œuvres par leur intermédiaire. Elle n'avait donc aucune raison de se méfier d'eux, d'autant que le passé familial commun la portait à leur faire confiance.

C'est sans douter de leur probité et de leur fidélité à sa famille que, peu avant sa mort, elle conseilla ainsi à ses trois filles, Jocelyne, Françoise et Suzanne (cette dernière, fille de son neveu mort dans les camps, fut adoptée par Julie), héritières de la totalité de la collection, de ne vendre qu'avec l'aide des Wildenstein.

Elle donna des instructions détaillées afin que sa succession se passe au mieux et c'est tout naturellement qu'elle choisit Daniel Wildenstein pour procéder à l'inventaire et au partage de la collection aux côtés de Charles Durand-Ruel, le descendant du célèbre marchand de Monet.

Au décès de Julie, en 1971, l'inventaire est établi et les exécuteurs testamentaires procèdent au tirage au sort de trois lots attribués à ses trois filles. Dans chacun d'eux, il y a une très grosse pièce ; on retrouve notamment un Van Gogh, *Coin de jardin avec des papillons*. Il y a également des œuvres majeures tels un *Peupliers* de la célèbre série de Monet, un superbe pastel de Degas : *Après le tub*, un dessin de Millet : *L'homme à la bêche*, des Cézanne, des Fragonard… la liste est impressionnante de part la qualité et la quantité des œuvres qu'elle présente. Par un curieux mystère, ces lots dont le contenu a été couché sur le papier n'auraient pas été signés par les trois sœurs. Ce n'est que le début d'une longue série d'anomalies.

À peine le tirage au sort réalisé, l'ensemble des œuvres de la collection Goujon-Reinach part dans les coffres de Daniel Wildenstein. Ce dernier a convaincu les trois sœurs que, grâce à lui, elles s'éviteraient de payer de lourds droits de succession. Si elles désirent vendre un tableau, tout se fera entre « amis », Daniel écoulera discrètement le tableau et leur remettra une somme en liquide. Ni vu ni connu.

C'est par cette vulgaire entourloupe fiscale que Daniel Wildenstein parvint à mettre la main sur l'une des plus belles collections du XXe siècle.

Les trois sœurs Goujon-Reinach ne sont pas armées de façon égale pour gérer au mieux leur collection. Daniel Wildenstein va savoir tirer parti de leurs faiblesses, de leurs histoires douloureuses.

Françoise Beck – de son nom de femme mariée – est la plus « solide » des trois filles. Elle parvient donc à vendre ses tableaux correctement (environ 20 à 30 % au-dessous du marché a priori) même si, au fil du temps, une certaine confusion s'est installée auprès de ses descendants qui ne savent plus ce qu'il reste dans les coffres des « W ». Il est d'autant plus difficile de s'y retrouver que Daniel Wildenstein ne remettait que rarement des reçus à Françoise lorsqu'il lui achetait une œuvre. Les héritiers ont par la suite du mal à obtenir la liste de ce qu'elle possédait encore dans les coffres de l'Institut. Sa fille, Martine Beck, adressera même un courrier à Guy Wildenstein en 2007 afin d'obtenir l'inventaire des œuvres de la succession Goujon-Reinach toujours présentes rue La Boétie. Le représentant UMP de New York lui répondra par écrit qu'il ne dispose pas de ce document dans ses archives.

Jocelyne, elle, est encore jeune lorsqu'elle hérite des tableaux. Elle s'en désintéresse. Parfois, lorsqu'elle manque d'argent, elle demande à Daniel de lui vendre l'une de ses œuvres. Le marchand lui remet alors une enveloppe avec l'équivalent de quelques milliers d'euros. Sans récépissé, bien sûr. Daniel Wildenstein n'aurait ainsi payé à Jocelyne qu'un centième du prix de certains tableaux de son lot.

Ce que le magnat de l'art fit des tableaux de Suzanne est encore plus flou. La fille adoptive de Julie qui fut déportée en 1943 est très fragile psychologiquement. L'expérience des camps, le suicide de son fils ont contribué à ce que Suzanne oublie l'essentiel de ce qu'elle possédait et de ce qu'elle vendit par l'intermédiaire des Wildenstein. Sa fille, émancipée à l'âge de seize ans, se souvient que Daniel lui remettait de l'argent dans un sac plastique pour le paiement de certaines œuvres. L'absence de traces écrites rend toute recherche impossible pour connaître la réalité de ces ventes.

Trente ans après la mort de Julie Goujon-Reinach, alors que la fille de Françoise, Martine Beck, n'est pas parvenue à obtenir la liste des œuvres de la collection conservée depuis les années 1970 dans les coffres des Wildenstein, tout laisse à penser que cette succession chaotique tombera lentement dans l'oubli.

Rien ne laissait présager qu'un juge exhumerait les dernières pièces litigieuses de la fabuleuse collection Goujon-Reinach, oubliées par les héritiers eux-mêmes.

Dès les premiers résultats de la perquisition, le fils de Martine Beck, Alexandre Bronstein, porte plainte pour abus de confiance, escroquerie et vol. Ce n'est pourtant pas le plus concerné par cette affaire car il est le descendant de Françoise Beck qui fut la seule des trois sœurs à gérer correctement son héritage. C'est en tout cas à lui que les enquêteurs de l'OCBC doivent de connaître le nom Goujon-Reinach. Voilà des années qu'il multiplie les procédures, arguant que les tableaux de la collection spoliés en 1942 n'auraient pas tous été identifiés et qu'ils seraient aujourd'hui sur le marché, dans les musées en France et à l'étranger. Un Volton, confisqué par les Allemands, a effectivement été retrouvé à Toulouse et restitué à sa mère Martine Beck. Les enquêteurs ont pourtant beaucoup de doutes sur les affirmations d'Alexandre Bronstein. Il est très procédurier mais apporte peu d'éléments de preuves.

Parmi la trentaine d'œuvres Goujon-Reinach retrouvées rue La Boétie, Alexandre Bronstein a notamment reconnu un bronze de Bugatti, un dessin d'Alfred de Vigny et un dessin de Degas susceptibles d'appartenir à sa grand-mère. Des « petites choses », les restes, non sans valeur, d'une fabuleuse collection.

Bien avant la descente des policiers à l'Institut, j'avais rencontré Alexandre Bronstein et sa mère dans leur appartement situé à deux pas du Champ-de-Mars, au dernier étage de l'immeuble des Goujon-Reinach. Mon sentiment fut le même que celui des enquêteurs. Alexandre Bronstein avançait beaucoup de suppositions sur de prétendus recels de spoliations nazies mais ses propos étaient parfois confus et révélaient en creux cette histoire familiale au passé douloureux qui avait abouti à des tensions dans la fratrie. Cet homme d'une cinquantaine d'années était en « guerre » contre les autres branches de la famille qu'il soupçonnait d'avoir dissimulé une partie de l'héritage de sa grand-mère Françoise avec l'aide de Daniel Wildenstein. Les lots des trois sœurs auraient été mélangés, ajoutant à la confusion.

Sa mère, plus « cartésienne », soupçonnait également les « W » de détenir certaines de leurs œuvres et d'avoir profité de la situation. Les deux descendants apparaissaient quelque peu méfiants lorsque j'évoquais les Wildenstein, la suite prouvera qu'il y a parfois une part de vérité dans les discours les plus fous.

Autant dire que la tâche des enquêteurs de l'OCBC est très compliquée. Ils ne peuvent s'appuyer que sur les témoignages et les souvenirs des héritiers Goujon-Reinach pour tenter d'en savoir plus sur cette trentaine d'œuvres signalées « disparues ou volées ».

Suzanne Reinach qui a aujourd'hui quatre-vingt-dix-huit ans se souvient que « c'est lui [Daniel Wildenstein] qui a les affaires de maman [Julie Goujon] ». Interrogée dans sa maison de retraite, elle s'exclame : « C'est extraordinaire, il a trouvé le moyen de lui prendre ses affaires sans en avoir l'air. »

Guy Wildenstein soutient que certains tableaux ont été achetés à la famille mais il ne peut produire que quelques factures d'époque, certaines non signées, d'autres n'affichant même pas le montant de la vente. Le commandeur de la Légion d'honneur explique qu'il était d'usage du temps de son père de procéder ainsi de la main à la main. Pour un marchand d'art d'envergure internationale, l'argument est plutôt limité. Et d'un point de vue fiscal, même dans les années 1970, tout cela était illégal.

Lors de son interrogatoire par le juge Dando le 6 juillet 2010, Guy Wildenstein a bien des difficultés à expliquer comment lui-même a conservé ces œuvres sans alerter les Goujon-Reinach :

— Pourquoi des œuvres provenant de la succession de Mme Julie Goujon, qui ont fait l'objet d'un partage opéré par Daniel Wildenstein et Charles Durand-Ruel en 1972 se retrouvent-elles trente-huit ans plus tard dans les coffres de votre Institut, et pas en possession des héritiers, en particulier des plaignants Alexandre Bronstein et Martine Beck, héritiers de Françoise Reinach ?

— Parce qu'elles n'ont pas été vendues par Mme Beck de son vivant. Les héritiers n'ont pas fait de demande de restitution de ses œuvres, sinon je les aurais restituées.

— Encore aurait-il fallu qu'elles soient averties de la présence de ces œuvres dans votre coffre. Par le courrier du 29 septembre 2007 que je vous présente, Mme Martine Beck vous a demandé communication de la liste des œuvres que possédait sa grand-mère, en vous précisant qu'elle en avait besoin dans le cadre d'une information judiciaire et en évoquant une « spoliation », ce qui suppose une origine frauduleuse des œuvres. Pourquoi lui répondez-vous que vous n'avez rien trouvé à ce sujet ? Alors que selon vos propres déclarations vous savez que des œuvres de la collection Goujon se trouvent dans vos coffres ?

— *Si je me souviens de sa lettre, elle me demande la liste complète de la collection Goujon et à cette date je ne l'avais pas trouvée dans nos archives. Elle m'interrogeait uniquement sur ce point, et je lui ai répondu sur ce point. Que je n'avais pas retrouvé la liste.*

— *Mais, lorsqu'une héritière vous interroge sur la liste des œuvres qui peuvent lui revenir, on attendrait que par un réflexe normal vous lui répondiez que vous n'avez pas de liste mais que néanmoins vous avez des œuvres dans votre coffre.*

— *Je n'ai pas eu ce réflexe. Quand j'ai répondu à cette lettre, j'étais à New York, peut-être que si j'avais été à Paris, je l'aurais fait, mais je n'ai pas eu le réflexe de le faire.*

— *On a un peu le sentiment, tout de même, à cette occasion, que vous lui dissimulez la présence de ces œuvres dans votre coffre.*

— *Il n'y a aucune volonté de dissimulation. Mme Françoise Beck était en rapport constant avec mon père. Après la mort de Françoise Beck, ce sont ses filles qui ont pris le relais. Et Mme Martine Beck par le courrier daté du 31 mai 1994 que j'ai déjà remis a demandé à mon père Daniel de réaliser la vente d'un tableau d'Odilon Redon.*

Les ennuis du « fils » Wildenstein avec les héritiers Goujon-Reinach ne font que commencer. Les descendants des trois sœurs avaient jusqu'alors souhaité rester discrets sur la gestion de leurs œuvres et leurs démêlés avec la famille des marchands. Ils n'en avaient pas mesuré toute l'ampleur et, surtout, ils ne voulaient pas ébruiter les libertés qu'avait prises leur famille avec le fisc, avec la complicité des marchands d'art. Ce pacte de corruption a protégé les Wildenstein d'une quelconque réclamation de leur part pendant des années.

La perquisition de l'Institut a réanimé les sérieux doutes qu'ils nourrissaient sur la façon dont les « W » ont rétribué les trois sœurs lors de la vente de leurs lots.

Jocelyne et Suzanne Reinach ont finalement porté plainte contre X pour abus de confiance. Elles auraient vendu des chefs-d'œuvre à Daniel Wildenstein pour des sommes dérisoires, le marchand d'art aurait profité de leur méconnaissance totale du marché et de leur état de faiblesse.

La succession des Goujon-Reinach met à nouveau en lumière par quelles méthodes Daniel s'est longtemps joué des règles habituelles du commerce de l'art, vendant et achetant sans facture, sans déclarations d'exportation ou d'importation, adaptant les prix à la « tête » du client, selon que ce dernier connaissait ou non la cote du peintre.

Certes l'époque était différente, mais cette opacité organisée que l'on retrouve autant dans son négoce que dans la gestion de son patrimoine, ses trusts et ses sociétés écrans, lui a permis à plusieurs occasions de duper des particuliers moins au fait des lois de son « milieu ».

Une autre héritière, Dominique Lacoste, s'est ainsi manifestée après avoir appris par la presse les résultats de la perquisition à l'Institut. Elle aussi a croisé le chemin des Wildenstein à ses dépens, elle aussi est à la recherche de tableaux « disparus ». Les déboires des marchands avec la justice lui ont permis de faire connaître son histoire qui, jusqu'alors, n'avait pas dépassé le petit cercle de ses amis et de sa famille. À nouveau, on retrouve des éléments communs aux affaires sur lesquelles Guy Wildenstein doit aujourd'hui s'expliquer : une collection prestigieuse, un héritage discuté et des descendants peu méfiants.

Dominique Lacoste est la petite-fille du peintre Charles Lacoste, un artiste du début du XXe siècle classé parmi le mouvement nabi post-impressionnistes. Son œuvre naturaliste et naïve affectionne les ambiances brumeuses et hivernales dont il se dégage une rêverie et un émerveillement envoûtants.

À l'occasion d'une exposition de son œuvre en 1985 à la mairie du XVIe arrondissement de Paris,

Jacques Chirac, alors maire de la ville, esquissait un portrait du peintre : « Un paysagiste calme et discret, rayonnant d'une lumière quasi mystique, un peinte nabi [...] un autodidacte, exhumé de l'oubli, dont Francis Jammes disait "Lacoste n'est qu'une coulée de lumière où vibre une âme séraphique." »

Charles Lacoste, ami de Paul Valéry et Mallarmé – il écrivit un poème en l'honneur de la naissance de l'une de ses filles –, jouissait en son temps d'une grande notoriété et connut un certain succès. Il laissa à sa mort une belle collection de ses œuvres à son fils Francis Lacoste, le père de Dominique. Un homme illustre lui aussi, dont les actes de résistance durant la guerre lui valurent d'être nommé commandeur de la Légion d'honneur et d'obtenir la croix de guerre. Ambassadeur aux États-Unis, il reçut la médaille de la Liberté, l'une des plus hautes distinctions américaines attribuées par le président des États-Unis.

Francis Lacoste, en diplomate accompli, vécut une grande partie de sa vie hors de France et se désintéressa longtemps de la collection de son père. Il la conservait dans une grange de la propriété familiale au Pays basque, l'œuvre du peintre n'ayant pas en ce temps-là assez de valeur pour qu'il se préoccupe particulièrement de la sécuriser. Il emportait tout de même lors de ses voyages quelques toiles qu'il accrochait dans les ambassades où il était successivement nommé, contribuant ainsi à la mémoire de l'artiste.

À la retraite, de retour au Pays basque, Francis Lacoste, un personnage un peu « vieille France », maintint la même discrétion à l'égard de la collection de son père. Il ne confiait que très rarement des tableaux pour des expositions et hésitait à s'en séparer. Le mari de sa fille Irène, Gilbert Gantier, l'encouragea à sortir de cette réserve afin de faire connaître la collection au public.

Gilbert Gantier, député UDF du XVIe arrondissement de Paris (mandat qu'il conserva pendant plus de trente ans) était un gendre un peu trop arriviste au goût du vieil homme. Ce dernier n'appréciait guère ses façons de politicien toujours prêt à jouer de ses relations. Gilbert Gantier fut particulièrement insistant auprès de Francis Lacoste afin qu'il lui prête une partie de sa collection.

Dans son salon parisien décoré de tableaux de son grand-père, Dominique Lacoste se remémore aujourd'hui, à la lumière des événements qui suivirent, l'énergie que déploya son beau-frère afin de convaincre son père : « Il voulait absolument ses tableaux, papa a fini par céder à l'usure. Si on s'était douté… »

Avec l'appui de sa femme, Gilbert Gantier obtient de l'ancien diplomate de conserver plusieurs dizaines de ses toiles dans leur domicile parisien afin que le couple puisse promouvoir le peintre à l'occasion de dîners et de réceptions. L'élu ne se contente pas de ce prêt, il nourrit de grands projets pour l'œuvre de Charles Lacoste. Il veut le sortir de l'ombre, le « lancer » auprès du grand public. Dans ce but, il organise un dîner avec l'un de ses « amis », Daniel Wildenstein, et son beau-père afin de convaincre ce dernier d'organiser une exposition-vente des tableaux. Francis Lacoste, poli, écoute le projet du marchand d'art, son désir de promouvoir ainsi l'œuvre de Charles Lacoste. À l'issue du dîner, l'ancien ambassadeur se montre intraitable : une exposition, oui, mais hors de question de vendre ses tableaux.

Gilbert Gantier n'a pas le choix, il abandonne le projet.

Les tableaux restent à son domicile mais le couple est victime d'un cambriolage le 25 août 1983. « Ce n'était pas très clair, apparemment ils avaient laissé une fenêtre ouverte. » Dominique Lacoste comme son père s'étaient satisfaits de cette explication.

Quatre tableaux ont été dérobés, notamment un autoportrait du peintre auquel la famille tenait beaucoup. Gilbert Gantier prend soin, comme le veut l'usage en cas de vol, de les déclarer à *La Gazette Drouot*, la bible des collectionneurs et des amateurs d'art. Le journal publie un avis où figurent les photos des quatre tableaux disparus afin que d'éventuels acheteurs soient prévenus et que les tableaux soient plus difficiles à écouler. Outre l'autoportrait figurent *Crépuscule d'hiver dans Hyde Park*, *Remorqueurs à Battersea* et *Ville, niche, cour, arbre*.

L'un des quatre tableaux est finalement retrouvé sur un marché aux puces en Belgique. Quant aux autres, aucune trace, l'affaire reste irrésolue et le temps passe.

Gilbert Gantier organise une exposition des œuvres de Charles Lacoste à la mairie du XVIe arrondissement, le commissaire d'exposition est Frédéric Chappey, le conservateur du musée d'art et d'histoire Louis-Senlecq de L'Isle-Adam. Francis Lacoste le connaît bien, il le reçoit souvent dans sa maison du Pays basque. Il lui fait confiance, d'autant que Frédéric Chappey s'est donné beaucoup de mal pour essayer de retrouver les tableaux volés. Il a écumé les brocantes aux côtés de Gilbert Gantier.

Lorsque Francis Lacoste décède en 1993, la collection devient la propriété d'une indivision qui regroupe entre autres Dominique Lacoste et son beau-frère (sa sœur Irène est morte). Ce statut interdit toute vente des tableaux par l'un ou l'autre membre de l'indivision tant que les héritiers n'ont pas décidé d'en sortir et de procéder à un partage.

Francis Lacoste a choisi cette procédure car l'une de ses filles, Béatrice, vit en Afrique et ne peut venir en France pour assister au règlement de la succession. L'autre raison, moins avouable, c'est que le vieil homme n'avait pas envie de se confronter à Gilbert Gantier dont il connaissait l'avidité. Il redoutait de devoir l'affronter si, de son vivant, il procédait à un partage de la collection.

L'indivision se maintient ainsi durant des années. La surprise de Dominique Lacoste est donc de taille lorsqu'un soir de l'année 2002 elle reçoit un appel de sa nièce en pleurs. La fille de Gilbert Gantier veut l'alerter : « Papa a envoyé tous les tableaux à New York. Il va les vendre ! »

L'héritière est horrifiée. Heureusement, elle a gardé beaucoup de liens avec les États-Unis où elle a vécu un temps et où son père avait de nombreuses relations. Elle se renseigne dès le lendemain et apprend stupéfaite que la galerie Wildenstein de New York organise une exposition-vente des œuvres de son grand-père. Elle dépêche l'une de ses amies qui habite juste en face de la galerie pour aller vérifier ces informations. Celle-ci revient avec le catalogue qu'elle lui envoie en exprès par la poste.

Dominique Lacoste est choquée. Elle, la petite-fille du peintre, propriétaire des tableaux en indivision, n'a jamais été prévenue de cette vente par

Gilbert Gantier et encore moins par Guy Wildenstein. Comment un professionnel du marché de l'art a-t-il pu faire preuve de tels manquements ? Difficile de croire qu'il puisse ignorer l'origine des œuvres.

Elle n'est pas au bout de ses découvertes.

À la réception du catalogue, elle constate que non seulement une cinquantaine de tableaux de la collection familiale sont prévus à la vente pour un prix global d'1 million d'euros, mais qu'en plus Guy Wildenstein se fend d'une préface dont le miel fait office de venin pour Dominique Lacoste :

C'est avec une profonde émotion que j'écris la préface du catalogue d'exposition des œuvres de Charles Lacoste. Mon père avait appelé de ses vœux que cette exposition soit dédiée à la mémoire d'Irène Lacoste Gantier, la petite-fille de l'artiste et la femme d'un des vieux et chers amis de la famille, morte prématurément en 1998. Mon père est décédé récemment, et je regrette qu'il ne puisse vivre l'accomplissement de cette rétrospective.

Gilbert Gantier, un « vieux et cher ami » des Wildenstein. Il est vrai que Guy et Gilbert appartiennent à la même famille politique et partagent aussi, manifestement, les secrets de cette exposition très discutable d'un point de vue juridique et moral.

À la suite de la préface de Guy Wildenstein, celle de Gilbert Gantier résonne comme un pied de nez à Dominique Lacoste. Il exprime « sa profonde gratitude à Guy Wildenstein pour le soin qu'il a pris à réaliser cette splendide exposition dans sa prestigieuse galerie ».

Frédéric Chappey, commissaire de l'exposition organisée à la mairie du XVIe arrondissement en 1985, est à nouveau de la partie à New York. Le soit-disant « ami » de son père l'a trahi.

Dominique Lacoste souhaitait depuis deux ans sortir de l'indivision et récupérer ainsi certains des tableaux de la collection. Elle l'avait fait savoir à Gilbert Gantier par un courrier de son notaire. Elle comprend que son beau-frère a tout organisé pour qu'il n'en soit rien. Avec l'aide de Frédéric Chappey et de Guy Wildenstein, il a tenté de vendre discrètement la collection à New York.

Comment ces tableaux sont-ils arrivés aux États-Unis alors qu'ils sont liés à l'indivision ? Ont-ils obtenu un certificat de sortie du territoire français ? Tout cela reste mystérieux. Et ce n'est pas tout.

En feuilletant un peu plus avant le catalogue de la galerie Wildenstein, elle découvre, stupéfaite, que trois des tableaux déclarés volés en 1983 sont annoncés à la vente. Il y a même leur photo.

La petite-fille du peintre est furieuse. Elle fait appel à l'un des plus grands avocats new-yorkais, spécialiste du droit des œuvres d'art, pour engager un recours et faire savoir qu'elle s'oppose à la vente. Le ténor du barreau qui a officié pour le musée Guggenheim obtient l'annulation de la vente juste avant le début de la manifestation. Les milliers d'invités qui se pressent à la galerie Wildenstein découvrent qu'ils doivent se contenter d'une simple exposition des œuvres de Charles Lacoste. Les étiquettes de prix sont encore sur les tableaux, mais il n'y a plus moyen d'en acquérir un seul.

La justice new-yorkaise exige également que la galerie Wildenstein rapatrie les tableaux en France. Toute la collection repart au domicile de Gilbert Gantier.

Dominique Lacoste vient d'un milieu très protégé, elle n'est pas préparée à une bataille judiciaire. Malgré tout, exaspérée par la découverte des tableaux volés à la galerie Wildenstein, elle porte plainte en France le 4 juillet 2003. L'affaire n'intéresse pas beaucoup la justice, presque trois mois plus tard, elle reçoit un avis de classement sans suite du parquet. Fin de l'affaire. « Je me disais que, de toute façon, Guy Wildenstein était intouchable. Et puis, il y avait aussi le mari de ma sœur qui était impliqué, c'était très gênant pour la famille. »

Dominique Lacoste a d'autres soucis que les Wildenstein : elle et un autre membre de l'indivision sont en conflit avec son beau-frère Gilbert Gantier et ses deux fils. Le député a affirmé jusqu'à sa mort en 2011 que les tableaux de Charles Lacoste qu'il détenait avec sa femme à leur domicile leur appartenaient en propre. Après une procédure civile interminable, la Cour de cassation a rendu son jugement et les a reversés dans l'indivision. La cour a tranché : Gilbert Gantier n'avait pas de droit particulier sur cette cinquantaine d'œuvres qu'il conservait. Ces tableaux doivent désormais faire l'objet d'un partage. Parmi eux, les trois toiles déclarées volées en 1983.

Dominique Lacoste a gagné mais nombre de ses questions restent sans réponse. Comment Guy Wildenstein, un professionnel du marché international, a-t-il pu ignorer l'avis de *La Gazette des beaux-arts* signalant la disparition des tableaux ? Comment Frédéric Chappey, qui avait organisé l'exposition de 1985, a-t-il pu lui aussi passer à côté de l'information et ignorer que les tableaux ne pouvaient être vendus ?

Et puis il y a *La femme au parapluie*, l'une des plus belles œuvres de la collection Lacoste, qui représente une femme longiligne sous la pluie dans cette ambiance brumeuse dont le peintre avait le secret. C'est un souvenir de famille inestimable pour Dominique Lacoste car la figure ainsi représentée serait sa grand-mère. La descendante du peintre l'avait fait restaurer avec sa sœur pour plusieurs milliers d'euros avant qu'elle disparaisse lors de l'exposition-vente de New York. *La femme au parapluie* illustrait la couverture du catalogue de l'exposition, c'est la dernière trace de son existence, elle n'a jamais été rapatriée en France. Elle demeure aujourd'hui encore introuvable.

À New York, l'exposition-vente avortée a écorné l'image de la galerie Wildenstein. La presse américaine s'est fait l'écho des déboires du représentant UMP et ce n'est pas la première fois que l'activité du clan suscite l'intérêt des médias. Paradoxalement, la communauté juive de la Grande Pomme se montre la plus sévère à l'encontre des « W ». Certains de ses membres influents boycottent même sa galerie de la 19e Avenue. Les ennuis matrimoniaux d'Alec, les soucis fiscaux de la famille ne suffisent pas à expliquer le climat de suspicion qui entoure les Wildenstein aux États-Unis. Les raisons de ce froid sont ailleurs, dans les bas-fonds de l'histoire de cette dynastie de marchands d'art hors du commun.

Cette fois, ce n'est pas dans les coffres des galeries des Wildenstein qu'il nous faut encore nous attarder, mais dans les archives de l'histoire du XXe siècle, là où ont été découvertes les preuves de la conduite ambiguë de Georges Wildenstein au cours des années les plus sombres du siècle dernier. Celles où le nazisme faisait régner sa loi sur la France.

10. LE GRAND-PÈRE

Francis Warin est l'un de ces hommes pour qui le monde est un vaste terrain de jeux au service de son inextinguible curiosité. Journaliste à l'ORTF, réalisateur de films pour la première chaîne française, il parcourut les zones de conflit pour tenter de comprendre, rencontra les plus grands du XXe siècle : hommes politiques, écrivains, penseurs et saltimbanques.

Une vie entre deux avions à une époque où voyager était encore un privilège et où filmer n'était à la portée que de quelques professionnels.

À la retraite, Francis Warin renoua avec une vieille passion : la peinture et la sculpture. Ses toiles immenses aux formes abstraites ponctuent les murs de l'ancienne menuiserie de Maisons-Alfort qu'il a reconvertie en atelier d'artiste. Francis est un amateur d'art. Possiblement un trait de famille, car l'ancien journaliste est le petit-neveu d'Alphonse Kahn, un collectionneur averti du début du XXe siècle.

Ce grand-oncle qu'il n'a jamais connu l'a conduit dans l'une des affaires les plus rocambolesques qu'il ait eu à vivre, lui qui pourtant n'était pas en mal d'aventures de par son métier. Alors que rien ne l'y préparait, il s'est retrouvé à exhumer un pan oublié de l'histoire des Wildenstein. Et à les compter aujourd'hui parmi ses ennemis jurés.

Francis Warin ne les aurait peut-être jamais croisés s'il n'y avait eu un livre, *Le Musée disparu*[1], du brillant journaliste portoricain Hector Feliciano. Publié dans un premier temps aux États-Unis en 1995, il fait l'effet d'une bombe dans le petit cercle des grandes familles de collectionneurs et des professionnels du marché.

Hector Feliciano livre une enquête inédite sur les pillages d'œuvres d'art par les nazis pendant la Seconde Guerre mondiale. Il a eu accès aux archives allemandes et américaines et a découvert que 20 % des biens culturels spoliés par les forces de l'Axe n'avaient jamais été restitués aux familles ou à leurs ayants droit. En poussant son enquête, le

1. Hector Feliciano, *Le Musée disparu. Enquête sur le pillage des œuvres d'art en France par les nazis*, Austral. Réédité en 2009 par Gallimard.

journaliste s'aperçoit que certaines de ces œuvres, dont des tableaux de peintres majeurs, sont détenues par des musées américains et français.

Pour leurs conservateurs, la prise de conscience ne se fait pas sans mal. Plus de cinquante ans après la guerre, ils résistent aux tentatives de restitution, s'opposent pour certains à l'ouverture de leurs archives. Les spoliations nazies sont imprescriptibles, on peut indéfiniment revendiquer la propriété d'un bien, mais le temps fait son travail. Les ayants droit des collectionneurs spoliés n'ont parfois aucune trace de l'existence de ces œuvres d'art. Entre les propriétaires qui sont morts dans les camps, ceux qui en sont revenus mais qui ne veulent pas remuer le passé et ceux qui ont émigré, toute une partie des spoliations échappe aux demandes de restitution. La mémoire des collections disparaît peu à peu et les musées français ou américains en profitent.

Hector Feliciano entra en contact avec les grandes familles juives de collectionneurs, cibles privilégiées des nazis pendant la guerre, afin de mettre le fruit de ses recherches à leur service et de les aider dans leur demande de restitution. Il rencontra les Rosenberg, les David-Weill, les Schloss et les descendants d'Alphonse Kahn en la personne de Francis Warin.

Ce dernier découvre, avec l'aide de l'historien, qu'une partie de la collection de son célèbre aïeul ne lui a jamais été rendue après la guerre. Il établit une liste de plusieurs dizaines de tableaux où l'on retrouve les noms des plus grands peintres de l'art moderne.

Alphonse Kahn, surnommé « le prince des collectionneurs », était un avant-gardiste. Après s'être pris de passion pour les artistes du XVIIIe et les impressionnistes, il vendit dans les années 1920 une partie de sa collection pour se consacrer entièrement à l'art moderne et au cubisme. Il acquit des Picasso, des Fernand Léger, des Braque, des Juan Gris, des Miró, des Klee. Cet esthète raffiné aimait mélanger les styles. Dans sa villa de Saint-Germain-en-Laye, les statuettes africaines et les manuscrits du Moyen Âge voisinaient avec un Van Gogh, un Poussin ou un Picasso. Installé à Londres à partir de 1938, il n'assistera pas au pillage de sa demeure par les nazis. Il mourut en 1948 sans être revenu à Paris et sans avoir eu le temps de veiller à la restitution complète de sa collection.

Francis Warin se lance à la recherche des chefs-d'œuvre d'Alphonse Kahn, une quête aux rebondissements dignes d'un scénario hollywoodien, au cours de laquelle il va récupérer dix-huit œuvres importantes, comme ce tableau de Fernand Léger dont le titre, *Fumée sur les toits*, avait été modifié afin d'être rendu méconnaissable et qui était accroché au musée de Minneapolis.

L'apogée de cette chasse au trésor fut la bataille qu'il mena contre le Centre Georges-Pompidou qui refusait de lui restituer l'une des plus importantes œuvres de Braque, *Le joueur de guitare*, issue de la collection spoliée d'Alphonse Kahn. Le conservateur ne pouvait se résoudre à se séparer de cette pièce consacrant les débuts du cubisme, mais sa position était intenable sur le plan politique. Alors que l'information s'ébruitait et que la communauté juive s'offusquait que l'État français se conduise en receleur d'œuvres spoliées, le ministre de la Culture mit fin au scandale. En grande pompe et devant les caméras, il signa en 1998 une transaction par laquelle il paya plusieurs millions d'euros aux descendants d'Alphonse Kahn pour conserver ce chef-d'œuvre, dont la valeur patrimoniale et historique méritait un effort financier conséquent de l'État.

Pour faire plier ces institutions puissantes que sont les musées nationaux américains ou français, Francis Warin appuie ses demandes de restitution sur un document indiscutable : les listes ERR (Einsatzstab Reichsleiter Rosenberg) établies par les nazis. Elles répertorient méticuleusement les œuvres d'art spoliées. Dans le cas de son grand-oncle, c'est un document précieux car une partie des archives du collectionneur a disparu. Au lendemain de la guerre, Alphonse Kahn avait d'ailleurs lancé la plupart de ses demandes de restitution de mémoire, ce qui explique que ses héritiers n'aient pas pu poursuivre sa démarche à sa mort, en 1948.

Dans les listes ERR, Francis Warin et Hector Feliciano repèrent des manuscrits anciens, dont un livre d'heures de Jean Carpentin datant du XVe siècle, et un manuscrit sur vélin, *Vie de sainte Radegonde*, réalisé à Bruges au début du XVIe siècle. Après de nombreuses recherches dans les archives de la BNF, ils s'aperçoivent que ces ouvrages sont en possession de la famille Wildenstein.

En toute bonne foi, Francis Warin contacte donc l'Institut pour faire part de ses recherches. Il demande la restitution des manuscrits qui ont été récupérés par Georges Wildenstein après la guerre. L'héritier d'Alphonse Kahn a obtenu les courriers d'échange entre le directeur de la Bibliothèque nationale de France et le marchand d'art, entre 1947 et 1952. À cette époque, dans la confusion de l'après-guerre, la BNF organise des expositions publiques des biens confisqués par les nazis. Collectionneurs spoliés, petits ou grands, peuvent ainsi venir identifier ceux qui leur appartiennent. Pour les récupérer, ils doivent produire certaines preuves – ça peut être une simple description de mémoire du bien et de la façon dont il a été acquis. Les listes ERR ou encore les notes prises au Jeu de paume par Rose Valland servent aussi à appuyer leurs dires.

Georges Wildenstein avait ainsi récupéré nombre d'œuvres d'art dérobées rue La Boétie, même si, et nous le comprendrons par la suite, la collection Wildenstein avait été relativement épargnée par les nazis.

Comme l'attestent les documents de la BNF, le marchand d'art a revendiqué, lors de sa déclaration de spoliation en 1947, la propriété de plusieurs manuscrits anciens, dont sept lui seront restitués rapidement par les services de l'État. Reste neuf manuscrits dont il revendique à plusieurs reprises la propriété. L'un d'entre eux, après vérification, lui est rendu, mais les huit autres posent problème. Les fonctionnaires de la BNF doutent des affirmations de Georges Wildenstein qui peine à décrire les manuscrits dont il serait le propriétaire, et se trompe sur la couleur de la page de garde. Sur la description faite du livre d'heures de Jean Carpentin, un membre de la sous-commission des livres de la BNF écrit dans un courrier adressé à sa hiérarchie :

Le manuscrit ne correspond à aucune des descriptions données par M. Wildenstein dans sa déclaration du 20 mai 1947. Les quelques rares détails fournis verbalement par M. Wildenstein sur ce manuscrit, et en particulier le tableau généalogique dépliant qui se trouve au début, figurent dans la description du catalogue de l'exposition ou pouvaient être facilement relevés à première vue.

Le fonctionnaire soupçonne donc que Georges Wildenstein revendique le manuscrit en le décrivant à partir de ce qu'il a pu observer lors de l'exposition publique des biens spoliés. Il manifeste la même méfiance quant au manuscrit intitulé *Vie de sainte Radegonde.* Georges tenterait de faire correspondre le descriptif avec un autre manuscrit dont il a déclaré le vol. Le fonctionnaire évoque des « […] explications d'ailleurs assez embrouillées données verbalement par M. Wildenstein au sujet de cette confusion entre deux manuscrits si différents ».

L'agent de la BNF ne peut conclure ce courrier qu'en recommandant la plus grande vigilance sur les demandes de Georges Wildenstein :

[…] en raison de la déclaration tardive de M. Wildenstein venant après l'exposition publique des manuscrits en litige, nous estimons que M. Wildenstein ne devrait être mis en possession desdits manuscrits qu'après avoir fourni une preuve indubitable de son droit […]

Georges Wildenstein insiste, envoie des courriers via ses avocats. La BNF tient bon.

Pendant ce temps-là, Alphonse Kahn est à Londres. Il est âgé et n'est pas en mesure d'engager les recherches nécessaires pour récupérer ses biens. En a-t-il même le souvenir ? Il meurt en 1948, sans enfants.

C'est quelques années après le décès du collectionneur que Georges Wildenstein obtient, sur ses insistances, une révision de la décision de la BNF. Dans un courrier du ministère de la Culture, en 1952, il se voit attribuer les *Heures de la famille Carpentin* et la *Vie et légende de Madame sainte Radegonde*. Les manuscrits disparaissent dans les coffres des galeries de la famille.

Francis Warin pense récupérer facilement les manuscrits. Georges possédait à l'époque de nombreux ouvrages du même type, il croit que le marchand d'art a pu se tromper de bonne foi. Il contacte donc l'Institut sans se douter de la résistance qu'il va devoir affronter.

Guy Wildenstein lui répond dans un premier temps que les manuscrits ont été achetés à Alphonse Kahn par son grand-père avant la guerre. Devant l'opiniâtreté de Francis Warin, ses explications vont évoluer. L'avocat des Wildenstein soutient ensuite que trois des manuscrits n'ont pas été achetés à Alphonse Kahn mais à Édouard Kahn, un lointain cousin, en 1909. Dans tous les cas, explique-t-il, les ouvrages ont été volés par les Allemands à la galerie Wildenstein de Paris et non pas à la villa du collectionneur à Saint-Germain-en-Laye. Les Wildenstein ne veulent pas entendre parler des listes ERR et des initiales « KA » inscrites à côté du descriptif des ouvrages.

Alors qu'en France la situation est bloquée, des éléments nouveaux ressurgissent de l'autre côté de l'Atlantique.

Un professeur en histoire de l'art de Princeton, James Marrow, est invité en mars 1997 à la galerie Wildenstein de New York pour examiner huit précieux ouvrages enluminés. Il a été mandaté par un libraire et collectionneur britannique, Sam Fogg, qui souhaite en acquérir quelques-uns.

Assis à un bureau qui surplombe la grande salle de la galerie new-yorkaise, James Marrow ausculte précautionneusement, admiratif, ces manuscrits évalués à plusieurs millions de dollars. Les deux lettres « KA », suivies des chiffres 879 à 886 inscrits sur les pages des documents anciens, lui sautent aux yeux. L'expert reconnaît immédiatement la marque des nazis et identifie les initiales des Kahn. James Marrow ne sait pas encore de quelle branche de la famille il s'agit, et interroge donc à ce sujet l'un des experts des Wildenstein présent ce jour-là à la galerie. Malgré ses recherches dans les archives, il ne parvient pas à lui donner une quelconque explication.

Dans le doute – des œuvres issues de spoliations nazies, ce n'est pas anodin –, le professeur de Princeton pousse un peu plus loin ses recherches et contacte un expert allemand. Quelle n'est pas sa surprise lorsque ce dernier lui envoie les archives nazies dans lesquelles sont détaillés les manuscrits, la date de leur spoliation – octobre 1940 – et le nom de leur propriétaire, Alphonse Kahn.

James Marrow est un universitaire, méthodique et scrupuleux. Il fait part de ses découvertes à l'acheteur potentiel, Sam Fogg, qui suspend ses velléités d'achat. Il écrit également une longue lettre au descendant d'Alphonse Kahn, Francis Warin, pour lui faire part de ses nouvelles informations.

James Marrow ne s'attendait pas à la réponse de Francis Warin : il est déjà au courant de l'existence des manuscrits, il a même demandé leur restitution aux Wildenstein ! Les marchands d'art essayent donc de vendre les ouvrages – de s'en débarrasser ? – alors que ceux-ci font l'objet d'un contentieux, et non des moindres, puisqu'ils ont trait à une spoliation nazie.

Francis Warin comprend qu'il est vain de tenter un accord à l'amiable avec les « W ». Il engage une longue et coûteuse procédure aux États-Unis afin de bloquer la vente et d'obtenir la restitution des œuvres.

Les journaux américains s'emparent de l'affaire qui, par un malheureux hasard pour le clan Wildenstein, tombe en même temps que le divorce houleux d'Alec et de Jocelyn. La réputation de la galerie est en jeu, on ne plaisante pas avec la communauté juive de New York. Daniel Wildenstein doit s'expliquer[1].

Il offre une nouvelle version aux journalistes américains. Les manuscrits ont été achetés par Nathan Wildenstein entre « 1903 et 1914 ». Et ils n'ont pas été volés à la galerie mais dans un coffre à la Banque de France. Quant aux deux initiales inscrites par les nazis, c'est une erreur des Allemands, ils ont mélangé les manuscrits avec ceux des Wildenstein.

Le patriarche s'étonne de l'action de Francis Warin, dénigrant par là même les demandes de restitution des familles juives et la démarche de mémoire qu'elle constitue. « Ils font une demande cinquante ans plus tard ? Ils ne se sont pas plaints pendant cinquante ans ? Je vais vous dire quelque chose. Si demain quelqu'un me vole un tableau, je le déclare à la police. Après trente ans, il appartient à celui qui l'a volé[2]. »

1. *Vanity Fair*, Suzanna Andrews, « Bitter Spoils », mars 1998.
2. *Vanity Fair*, *op. cit.*

Mettre dans le même sac un vol crapuleux et une spoliation nazie, les propos passent très mal dans la communauté juive, à une période où les restitutions sont au cœur de ses préoccupations. Pour les Américains, l'affaire des manuscrits est loin d'être anecdotique car elle rappelle la conduite discutable de la galerie Wildenstein à Paris pendant la guerre.

Ce pan de l'histoire de la dynastie est resté longtemps dans l'ombre jusqu'à la publication du livre d'Hector Feliciano. Le journaliste consacre plusieurs pages accablantes à Georges Wildenstein[1]. Il revient notamment sur les rapports qu'entretint le marchand durant l'Occupation avec Karl Haberstock, le directeur du projet de Lintz, ce musée qu'Hitler souhaitait constituer à partir des tableaux récupérés dans les collections juives.

Ce chapitre délicat débute en 1940. Comme beaucoup de Juifs, Georges Wildenstein et sa famille fuient Paris pour Aix-en-Provence. Là-bas, le grand-père d'Alec et de Guy reçoit la visite de Karl Haberstock, un grand nom du commerce de l'art allemand et une vieille connaissance de Georges avant-guerre. L'homme lui aurait proposé un marché : dénoncer les collections juives dont il a connaissance en échange d'un titre d'« Aryen

1. Hector Feliciano, *op. cit.*

d'honneur » et la rétrocession des œuvres volées dans sa galerie parisienne.

Hector Feliciano affirme dans son livre que Georges Wildenstein avait trouvé un arrangement avec le marchand allemand. Bien qu'il ait quitté la France pour se réfugier à New York en janvier 1941, sa galerie parisienne aurait ainsi pu poursuivre ses activités, sous la direction d'un homme de paille, Roger Dequoy, l'un des plus puissants collaborateurs du milieu de l'art.

Selon un rapport de 1946 émanant du Bureau américain des services stratégiques, la galerie Wildenstein de Paris a entretenu des rapports avec d'autres marchands qui collaboraient avec les nazis. Le document fait allusion directement à Georges Wildenstein, à propos duquel il indique : « En contact avec Haberstock en 1942. Était parfaitement informé des transactions de Dequoy, conséquences de l'"aryanisation" de l'entreprise Wildenstein. En contact avec Fabiani [le surnom de Dequoy] au cours de l'été 1945, qui a occupé sa suite au Dorchester de Londres[1]. »

Dans ses mémoires, Daniel Wildenstein répond à ces accusations : « En novembre 1940, parrainé par Dequoy, Karl Haberstock est venu voir mon

1. Tristan Gaston-Breton, « Les Wildenstein », *Les Échos*, 21 août 2000.

père à Aix-en-Provence : cette rencontre nous vaut aujourd'hui des petits sous-entendus ignobles sur mon père, qui se régleront désormais en justice...[1] »

En 1998, Daniel, Alec et Guy Wildenstein ont effectivement porté plainte en diffamation en France contre Hector Feliciano. Ils demandaient un million d'euros de dommages et intérêts en réparation du « préjudice moral » causé à leur famille et du tort commercial « considérable » subi par leur galerie américaine. Ils ont été déboutés malgré un appel du jugement et un recours en cassation mené par leur fidèle conseil Jean-Luc Charretier. L'avocat plaidait que l'enquêteur portoricain n'avait pas eu recours aux procédés habituels de vérification en histoire. Hector Feliciano, dans ses offres de preuves, a produit nombre de documents d'archives pour appuyer ses dires. Son avocat, Antoine Comte, a également présenté à la cour ce témoignage troublant du journaliste et écrivain Alain Vernay, héritier de la collection Schloss. Celui-ci affirme que son père a reçu une visite de Georges Wildenstein en 1940 alors que sa famille et lui étaient réfugiés à l'Hôtel Royal de Nice. Le marchand lui a proposé de récupérer sa collection en échange d'un « certificat de bon

1. Yves Stravidès, Daniel Wildenstein. *op. cit.*

aryen » pour lui et ses proches et une somme d'argent sur un compte suisse.

Juste après la guerre, les charges déposées à l'encontre de la galerie Wildenstein par le gouvernement de transition ont été rejetées par la justice au motif qu'il n'existait pas « de preuves de ventes volontaires à l'ennemi[1] ». Selon Marc Mazurovsky, historien et responsable du mémorial de l'holocauste à Washington, Georges Wildenstein devint aux États-Unis le « champion » des restitutions, dénonçant dans un article de 1943 les marchands d'art collaborationnistes. La force du déni, estime Marc Mazurovsky : « Je pense que Georges pensait lui-même qu'il ne collaborait pas. Il s'est fabriqué une image de victime. »

Sur le passé de Georges Wildenstein, Antoine Comte conclut aujourd'hui sans la moindre hésitation : « Ce qui est sûr, c'est qu'il a bâti sa fortune avec les biens spoliés par les nazis [...]. Wildenstein a une particularité : il continue à faire des affaires pendant la guerre. Non seulement il maintient la galerie mais en plus il aide les Allemands [...]. Il y avait une situation de grande proximité entre les nazis et Wildenstein, c'est dommage pour les héritiers mais c'est comme ça. »

1. *The rape of Europa*, Lynn H. Nicholas, First vintage book, 1995.

Antoine Comte ne mâche pas ses mots, d'autant qu'il défend les intérêts de Francis Warin et qu'il garde un goût amer de la décision de justice américaine concernant les manuscrits anciens disputés par le descendant d'Alphonse Kahn à la famille des marchands d'art.

Sans statuer sur le fond, le juge new-yorkais a estimé que cette affaire était prescrite. En effet, si les spoliations nazies sont imprescriptibles, les manuscrits, eux, ne rentreraient pas dans ce cas de figure. Indûment ou pas, erreur ou pas, ils ont été récupérés à la BNF après la guerre par Georges Wildenstein : ils ne peuvent donc pas être considérés comme issus de spoliations nazies.

La nuance est importante. Après trente ans, les faits sont prescrits. Daniel et Guy Wildenstein sont donc les propriétaires légaux des enluminures. La famille en a immédiatement vendu une partie au libraire britannique Sam Fogg. Les affaires continuent.

Le statut ambigu de la galerie parisienne durant l'Occupation a valu au clan « W » d'être régulièrement soupçonné de détenir des œuvres provenant de vols nazis, de se montrer peu regardant sur l'origine de certains tableaux.

Ainsi, en 1983, une vieille dame allemande, Gerda Dorothea De Weerth, apprit qu'un tableau de Monet qui lui avait été dérobé durant la

Seconde Guerre mondiale avait été vendu par la galerie Wildenstein à un collectionneur new-yorkais en 1957[1]. Dans la bataille judiciaire menée pour récupérer *Champs de blé à Vétheuil*, des investigations furent conduites afin de retracer le parcours du tableau. Les Wildenstein l'avaient acheté à un marchand suisse, François Reichenbach, en 1948. Le président de la galerie Wildenstein, Harry Brooks, indiqua dans une déposition en 1984 que les Wildenstein ignoraient comment Reichenbach avait obtenu le tableau.

Mais la cour obtint des copies du catalogue raisonné de Monet réalisé par Daniel Wildenstein lui-même. Il donnait une autre version de la provenance. Dans l'édition définitive du catalogue datant de 1992, le magnat de l'art indiquait que sa famille avait acquis *Champs de blé à Vétheuil* de Paul Durand-Ruel, le célèbre marchand de Monet. Il « omettait » donc deux propriétaires : Mme De Weerth et François Reichenbach, nettoyant ainsi les traces douteuses d'un tableau au passé « problématique ». Un exemple caractéristique parmi d'autres (voir chapitre 11) de l'utilisation du catalogue raisonné de Monet à des fins toutes personnelles.

1. Mary B. W. Tabor, *The New York Times*, *« Rare ruling leaves a Monet hanging »*.

Plus récemment, une étude peinte par Monet, *Torrent de la Creuse* ayant appartenu à Max Heilbronn, un Juif résistant déporté à Buchenwald, a fait l'objet d'une plainte de sa fille, Ginette Heilbronn-Moulin, propriétaire des Galeries Lafayette[1]. Elle reprochait aux Wildenstein d'avoir dissimulé des informations sur l'emplacement et la situation de cette œuvre dérobée par les nazis et qui n'a jamais été récupérée par sa famille. Le tableau a été inscrit à deux reprises par Daniel Wildenstein dans son catalogue raisonné avec, dans un premier temps, la mention « propriétaire anonyme », complétée par la suite par une précision selon laquelle le collectionneur était américain. Une enquête approfondie auprès du Metropolitan Museum de New York permettrait de disculper Daniel Wildenstein : il aurait fait une simple erreur dans son catalogue. L'avocate de Ginette Heilbronn-Moulin accepte aujourd'hui cette explication.

La découverte des trente œuvres « disparues ou volées » dans les coffres de l'Institut ne facilite pas les affaires de la famille car elle fait désormais l'objet d'un a priori négatif au regard des dossiers litigieux qui s'accumulent. Comme le démontre ce

1. *New York Times*, 19 mars 2012, « Prominent French battle over a missing Monet », Doreen Carvajal.

dernier exemple, ces suspicions ne sont pourtant pas toujours fondées.

L'entreprise Wildenstein Inc. a vendu et acheté des milliers de tableaux ces soixante-dix dernières années, il n'est donc pas impensable que Daniel et ses fils aient pu avoir entre les mains des œuvres issues des spoliations nazies. C'est le lot des grands marchands d'art que d'opérer les recherches nécessaires pour s'assurer de l'origine de ce qu'ils acquièrent ou de ce qu'ils vendent. Le Art Lost Register, qui recense les œuvres disparues ou volées, n'existe que depuis 1991, l'erreur humaine est toujours possible.

Si les Wildenstein font l'objet de tant de critiques et de soupçons, c'est aussi qu'ils sont victimes de leur notoriété. Ils furent les plus grands sur la scène internationale, mais aussi, et avant tout, les mieux renseignés sur les plus importantes collections du XXe siècle. Leur pouvoir est devenu extraordinaire grâce à leur fonds documentaire unique au monde qu'ils ont alimenté au cours des générations. Les « W » détiennent des informations exclusives sur les propriétaires de tableaux, ils ont le monopole de l'expertise sur des peintres dont la cote, après la Seconde Guerre mondiale, a connu une ascension fulgurante sur le marché de l'art.

C'est sur ces atouts que la famille a assis son empire, s'imposant comme expert unique de peintres comme Monet, Gauguin ou Manet. Au point d'en abuser et de susciter aujourd'hui la fronde d'une partie du monde de l'art.

11. LES CATALOGUES

Durant plusieurs années, le tableau eut les honneurs des cimaises du musée Marmottan de Paris, dit aussi « musée Claude-Monet ». Il tranchait par son sujet et sa réalisation : une esquisse inaboutie représentant le peintre impressionniste la cigarette au coin de la bouche, habillé de noir et coiffé d'un béret. Au milieu des nymphéas et des paysages, parmi lesquels *Impression, soleil levant* tenait la vedette, ce *Portrait de l'artiste dans son atelier* daté de 1884 constituait une nouvelle preuve discrète que Marmottan méritait son titre de plus grand musée Monet au monde.

Sa collection extraordinaire constituée en majeure partie du legs de son fils, Michel, à l'Académie des beaux-arts, se voyait complétée par ce tableau rare et de grande valeur. Claude Monet fut avare de sa représentation, et on ne recensait alors que trois autoportraits du peintre dans le monde. Son originalité lui valut des lignes prestigieuses dans les écrits de Georges Clemenceau au début du XXe siècle[1].

En 1884, nous avons un portrait de Monet par lui-même (quarante ans), où l'homme se révèle dans toute sa simplicité. Rien de moins convenu, de moins apprêté, de moins « stylisé » que cette image de l'ouvrier à l'œuvre, tout au développement des sensations personnelles qu'il prétend exprimer. Puisqu'il ne demande la juste interprétation du monde qu'à l'ultime activité des ondes lumineuses, il ne saurait se départir d'une suprême conscience de rendement quand il se place lui-même au cœur du drame de l'interprétation [...]. Les plis du front disent l'irrésistible élan de toute une vie sans défaillance. Aucune indication de geste. L'homme est en pleine possession de lui-même aux préliminaires de l'action. Il a vu, il a compris, il a résolu, il est en marche vers une fin souveraine. Voilà notre Monet, plus simple et mieux équilibré que jamais, prêt au débordement de l'action.

La toile inachevée ne portait ni signature ni date.

1. Georges Clemenceau, *Claude Monet. Les nymphéas*, Plon, 1928.

Puis un jour, à Marmottan, le tableau fut décroché afin d'être changé de place. Il fut installé dans un petit recoin du musée consacré à « Monet vu par d'autres artistes ».

Son carton descriptif avait changé, il indiquait *Portrait de l'artiste dans son atelier, attribué à John Singer Sargent.*

L'autoportait n'en était plus un. Ainsi en avait décidé Daniel Wildenstein, le « pape » incontesté de l'expertise sur Monet, celui-là même qui avait décrété quelques années auparavant que ce tableau devait être attribué au maître.

Il avait changé d'avis et le petit cercle des commissaires-priseurs, conservateurs de musée, maisons de vente et historiens d'art se plia à ce nouveau jugement.

Désormais, il n'y avait plus que deux autoportraits de Claude Monet dans le monde.

Comment un seul homme, fût-il le plus grand marchand d'art de son siècle, pouvait-il désattribuer unilatéralement un tableau du maître de l'impressionnisme ?

Ce pouvoir, Daniel Wildenstein l'a obtenu grâce au travail de toute une vie : l'élaboration pendant quarante ans du catalogue raisonné de Claude Monet. Ce catalogue, ce fut son œuvre, sa plus belle réalisation ; il lui conféra un monopole absolu sur l'expertise du peintre.

Le recueil se décline en cinq volumes dans lesquels sont répertoriés minutieusement tous les tableaux connus de l'artiste. Les aquarelles, les dessins et les huiles sont listés méthodiquement, accompagnés de leurs photos en noir et blanc (quand elles existent), de leur localisation (lorsqu'elle est connue) et du nom de leurs propriétaires (quand ceux-ci sont d'accord pour le divulguer).

Ce travail titanesque, salué par l'ensemble de la profession, donne au clan un pouvoir énorme. Aujourd'hui, un tableau « de » Monet n'est considéré comme authentique que s'il a été inscrit dans la « bible » de Daniel Wildenstein. La dernière édition du catalogue date de 1996 mais il est toujours possible d'y inscrire une nouvelle œuvre. Le propriétaire qui considère, grâce à un faisceau d'éléments, qu'il détient un tableau peint de la main de Monet peut le présenter à l'Institut Wildenstein et espérer recevoir un certificat promettant l'inscription de l'œuvre à la prochaine édition du catalogue raisonné.

Sans le certificat Wildenstein, le tableau est invendable. Guy et Alec ont hérité du monopole de l'expertise de leur père sans manifester une connaissance particulière de la peinture de Monet. Et pourtant, aucune des deux maisons de ventes qui font la pluie et le beau temps sur le marché de l'art – Sotheby's et Christie's – n'accepteront de présenter aux enchères une œuvre de Monet si elle ne dispose pas du certificat Wildenstein. Qu'il ait été attribué par Daniel ou par ses fils, peu leur importe.

Non seulement le catalogue raisonné confère à l'Institut un monopole de l'expertise, mais il est aussi une arme de guerre. Pour constituer cet inventaire remarquable, Daniel Wildenstein a employé une armada de chercheurs qui ont établi à l'Institut un fonds de documentation unique sur l'artiste. Les Wildenstein ont ainsi acquis un accès privilégié aux propriétaires des tableaux ; ils sont parfois les seuls à savoir où se trouve une œuvre de Monet, qui est son propriétaire et dans quelles dispositions il se trouve. Veut-il vendre ? Les Wildenstein seront les premiers à l'apprendre et à lui faire une offre.

Pouvoir acheter et vendre le tableau d'un peintre tout en étant le seul à pouvoir l'authentifier, tel fut le privilège de Daniel Wildenstein jusqu'à sa mort. Ce mélange des genres s'est perpétué jusqu'à aujourd'hui. Officiellement, un comité d'experts décide de l'attribution ou non du précieux certificat, mais tous les professionnels savent que Guy Wildenstein a le dernier mot comme son père l'eut pendant un demi-siècle.

Dans le monde de l'art, des voix s'élèvent, notamment parmi les historiens, pour dénoncer ce conflit d'intérêts entre « expert » et « marchand ». Mais le compresseur de la logique économique aplanit toutes les aspérités critiques. Un galeriste me confiait, désabusé, « Les collectionneurs sont devenus des imbéciles, ignorant tout de l'art. Ce sont des traders qui veulent un bon investissement : gagner de l'argent sans prendre de risques. Le certificat Wildenstein leur donne cette garantie. Un faux, un vrai ? Quelle importance, c'est un Wildenstein ! Donc c'est un vrai et tout le monde est content. Les salles de vente, les intermédiaires et les clients. »

Le catalogue Monet n'est que l'une des nombreuses cordes à l'arc du clan Wildenstein. Les marchands d'art sont les éditeurs d'une cinquantaine de catalogues raisonnés de peintres majeurs tels que Manet, Gauguin, Boucher, David, Fragonard… Ce mouvement a été entamé avec Nathan qui, dès la fin du XIXe siècle, tenait à jour des fiches sur les collections particulières. Quand il rendait visite à un collectionneur, il prenait des notes détaillées sur ses œuvres avec leur description, leur origine, leur parcours et, le plus important, le nom de l'actuel propriétaire et son adresse. Dans son souci du détail il allait jusqu'à préciser la situation familiale des collectionneurs. L'un d'eux est-il célibataire ? Bonne nouvelle, à sa mort, il y aura des chances que son neveu veuille vendre : les Wildenstein seront les premiers à le contacter.

Cette habitude s'est perpétuée avec Georges qui ajouta des photos aux fiches des tableaux. Le plus érudit de la famille et le plus passionné d'histoire de l'art rationalisa la démarche de l'Institut. Il entama un vaste travail de recherche et d'archivage qui lui permit de constituer une formidable bibliothèque et d'acquérir tout ce qui comptait comme source d'informations sur les artistes. Il acheta ainsi la photothèque de Durand-Ruel, paya comptant et sans sourciller la somme de 400 000 francs pour un lot de catalogues de vente du XVIIIe siècle. Dans l'après-guerre, Georges eut l'idée d'examiner les archives notariales datant d'avant 1850. Pour mener à bien ce projet d'envergure, il mit sur pied une équipe chargée de repérer au milieu de cette masse de documents, les noms d'artistes et les détails de leur succession, découvrant ainsi de nouvelles œuvres oubliées, enrichissant ses connaissances sur les propriétaires de certains tableaux.

L'Institut fut ainsi doté d'une bibliothèque de recherche, en perspective de la publication des catalogues raisonnés. Georges édita le premier de la famille en 1922 consacré au peintre du XVIIIe siècle Jacques André Aved, puis vint le catalogue dédié à l'œuvre de Nicolas Lancret en 1924 et de Jean Siméon Chardin en 1933. Ils s'imposent encore aujourd'hui comme des contributions essentielles à l'histoire de la peinture.

Daniel Wildenstein fut celui qui comprit le mieux l'intérêt commercial que constituaient ces catalogues raisonnés. Son père, Georges, avait une âme de collectionneur, il n'aimait guère se séparer de ses découvertes. Lui, en revanche était un marchand avant tout : le catalogue raisonné lui permettait de maîtriser le marché et de l'emporter sur ses concurrents.

La décision de réaliser un catalogue raisonné est mûrement réfléchie car il s'agit d'un investissement important qui ne peut en aucun cas être financé par la simple vente des recueils auprès des professionnels ou des particuliers. En choisissant de cataloguer un peintre, les « W » savent que la cote de l'artiste va mécaniquement monter. Sur le marché, il sera plus facile à vendre et à acheter, il deviendra un placement plus « sûr ». Les Wildenstein préfèrent donc cataloguer des artistes dont ils disposent déjà un bon lot de tableaux ou dont ils ont repéré de nombreuses œuvres prêtes à être échangées sur le marché et sur lesquelles ils pourront intervenir en tant que marchands. Les peintres dont la production est importante sont plus intéressants que ceux qui sont moins prolixes, ils permettent plus de découvertes et d'échanges commerciaux. Monet en est le parfait exemple, lui qui peignait encore à plus de quatre-vingts ans. Tout le contraire de Modigliani, qui mourut à quarante-quatre ans et laissa une maigre collection. Le catalogue raisonné de ce dernier, jamais abouti, s'avéra l'un des rares échecs industriels de Daniel Wildenstein.

Les catalogues des « W », s'ils forcent le respect de la communauté des professionnels de l'art sont régulièrement l'objet de suspicions. Ce fut notamment le cas du catalogue de Gauguin, dont l'historien d'art Douglas Cooper critiqua longtemps le caractère approximatif. En 1965, il condamnait[1] en ces termes le travail de Georges Wildenstein : « Il a jonglé avec les historiques et les références à des fins d'intérêts privés [...]. La liste des œuvres de Gauguin a été dépouillée de certaines pièces authentiques et complétée avec des tableaux qui n'ont rien à faire là. » Plus loin, Douglas Cooper s'interrogeait : « Est-il possible pour un marchand d'art d'avoir le détachement scientifique nécessaire à l'évaluation impartiale des œuvres ? »

Suite à ces propos, les Wildenstein déclenchèrent des poursuites contre l'historien d'art mais toute cette affaire s'arrangea à l'amiable. La famille engagea Douglas Cooper afin de travailler sur la réalisation d'une nouvelle édition du catalogue de

1. Supplément littéraire du *New York Times*, 1965.

Gauguin. Mort en 1984, l'historien laissa ce nouveau catalogue raisonné inachevé, il ne fut jamais publié. La polémique sur l'authentification injustifiée de certains tableaux de Gauguin par Georges Wildenstein était close.

Dans la famille Wildenstein, le roi des « jongleurs » fut sans conteste Daniel. Et l'histoire du *Portrait de l'artiste dans son atelier* son plus beau numéro connu. Ou comment le marchand d'art joua de son catalogue raisonné de Claude Monet avec virtuosité et y perdit, malgré sa dextérité, un peu de sa réputation.

Avant de finir sur les murs de l'ancien pavillon de chasse de Marmottan, le portrait de Claude Monet reposait sur un chevalet dans la demeure parisienne d'une très vieille dame, Paulette Howard-Johnson.

L'épouse de Sir Howard-Johnson, illustre amiral de l'armée britannique qui combattit aux côtés de Winston Churchill, avait connu dans sa jeunesse ces artistes qui figurent aujourd'hui dans les livres d'histoire. Son père, le peintre Paul César Helleu, recevait de temps à autre Marcel Proust dans son appartement de la rue Émile-Meunier ou sur son yacht à Deauville. Petite fille, Paulette avait assisté à des dîners avec l'écrivain. Paul Helleu inspira à Marcel Proust le personnage du peintre Elstir dans

À la recherche du temps perdu ; Elstir, une contraction des noms Helleu et Whistler.

Paul César Helleu était très proche du mouvement impressionniste et en particulier de Claude Monet. Le maître fut son témoin de mariage ; la famille Helleu lui rendait parfois visite à Giverny.

Plus tard, cette amitié entre les deux familles se poursuivit à travers Paulette Howard-Johnson et le fils de Claude Monet, Michel. Ce dernier, un explorateur un peu excentrique, était plus passionné d'automobiles que de tableaux. Il conservait au sein de sa demeure de Sorel-Moussel dans l'Eure-et-Loire quelques œuvres de son père mêlées à des objets hétéroclites ramenés de voyages en Afrique.

Un soir que le couple Howard-Johnson dînait chez lui, Paulette remarqua un tableau qu'elle avait déjà admiré chez Claude Monet de son vivant. Il était alors accroché dans sa chambre à Giverny. C'était un portrait du peintre fumant une cigarette avec en arrière-plan le Cap-Martin et la route qui conduit à Menton. Paulette l'aimait beaucoup, avec nostalgie elle évoqua le souvenir qu'elle avait de ce tableau chez le père de Michel. « Tiens, je te le donne », lui dit le fils du peintre dans un élan de générosité. Et joignant le geste à la parole, malgré le refus poli du couple Howard-Johnson gêné par un tel cadeau, il roula la toile et la tendit à son amie avec insistance. Paulette ne put refuser. Michel la rassura, ce n'est qu'un petit portrait de son père réalisé, lui semblait-il, par le peintre américain Sargent.

Après tout, ce n'était pas grand-chose ni pour Paulette ni pour Michel, qui détenaient chacun, par héritage, une très belle collection de tableaux impressionnistes.

Paulette Howard-Johnson repartit avec la toile roulée sous le bras.

Les années passèrent, Michel Monet mourut dans un accident de voiture, victime de sa passion. Le couple Howard-Johnson partageait sa vie entre plusieurs domiciles en France, en Grande-Bretagne et en Suisse. Le portrait de Claude Monet resta dans l'appartement parisien. Paulette Howard-Johnson ne s'en sépara que quelques mois en 1980 pour le prêter à l'occasion d'une exposition. C'est certainement à ce moment que Daniel Wildenstein découvrit l'existence du tableau.

Patrick de Watrigant, un ami de longue date du couple Howard-Johnson, l'admirait encore à leur domicile en 1984. La fille de Paul Helleu lui expliqua la provenance du tableau et lui fit part de ses inquiétudes. « J'ai peur de me faire cambrioler, je devrais peut-être le vendre. J'ai un acheteur, une personne qui me harcèle depuis des mois pour que je le lui cède. » « Vendez-le, Madame, lui conseilla Patrick de Watrigant, vous serez plus tranquille. »

En 1984, Paulette Howard-Johnson vend le portrait de Claude Monet à Daniel Wildenstein par l'intermédiaire de Georges Bernier, le fondateur de la revue d'art L'Œil, dont les actionnaires sont le marchand d'art et son ami suisse François Daulte. Le tableau est cédé en tant qu'œuvre de John Singer Sargent pour la somme de 300 000 euros.

Quelques mois plus tard, le fidèle avocat des Wildenstein, Jean-Luc Charretier, se présente auprès de la vieille dame. Il la menace de porter plainte au pénal pour escroquerie. Il affirme que Paulette Howard-Johnson a trompé le marchand d'art, que le tableau n'est pas un Sargent. Le portrait serait d'un autre peintre mineur et vaudrait beaucoup moins que ce qu'il a été vendu.

La visite est très désagréable pour la fille de Paul Helleu, âgée à cette époque de quatre-vingt-six ans, elle est inquiète et ne comprend pas ce revirement soudain.

Dans un souci d'apaisement et afin de se débarrasser de Daniel Wildenstein, elle décide de transiger. Elle accepte de rembourser 150 000 euros au marchand d'art à condition que le tableau soit donné au musée Marmottan, rejoignant ainsi la fabuleuse collection léguée par son ami Michel.

Daniel Wildenstein signe l'engagement écrit de procéder à ce don de l'œuvre au musée Monet. Il envoie le 15 mai 1986 une lettre au secrétaire perpétuel de l'Académie des beaux-arts :

Je désire offrir à l'Académie des beaux-arts une peinture de l'École française du XIXe représentant soi-disant Claude Monet dans son atelier. Cette peinture était anciennement attribuée à Sargent. Aujourd'hui, après expertise, elle a été refusée par les historiens d'art.

Je pense que cette peinture pourrait être accrochée à Marmottan.

Venant du plus grand expert de Monet, le courrier n'est guère élogieux pour le tableau : on a le sentiment qu'il s'excuse de donner une telle croûte indigne de Marmottan.

Ce dénigrement trouve son explication dix ans plus tard.

En janvier 1996, l'amiral Howard-Johnson décède dans sa propriété de Biarritz. L'été de la même année, Patrick de Watrigant, l'ami du couple, feuillette au bord de sa piscine le journal *Connaissance des arts*. Son intérêt se porte sur un article consacré à la nouvelle édition du catalogue raisonné de Claude Monet. Sur la première page, Daniel Wildenstein pose avec son éditrice dans les jardins du 57 rue La Boétie. À la lecture de la page suivante, Patrick de Watrigant manque de tomber de sa chaise longue. Il découvre le *Portrait de l'artiste dans son atelier* reproduit en bonne place et une légende éloquente qui l'accompagne :

Portrait de l'artiste dans son atelier *[...], vers 1884, collection particulière. Le catalogue raisonné rend à Monet la paternité de ce tableau attribué à tort à John Singer Sargent. Monet précise dans sa correspondance qu'il en fit cadeau au peintre anglais qui était son ami.*

L'autoportrait est un Monet.

Patrick de Watrigant alerte Paulette Howard-Johnson. Elle se procure la nouvelle édition du catalogue raisonné de Daniel Wildenstein et découvre que non seulement son tableau, par le miracle du catalogue, est passé du statut de « peinture de l'École française du XIXe représentant soi-disant Claude Monet dans son atelier » à celui d'autoportrait de l'artiste, mais qu'en plus, il est reproduit en première page et en couleurs dans l'un des volumes de la nouvelle édition.

Ce qui acheva de rendre Paulette Howard-Johnson folle de rage, malgré son grand âge – quatre-vingt-seize ans –, c'est le descriptif du tableau. À la place du nom du propriétaire – le musée Marmottan – Daniel Wildenstein a inscrit : « Collection particulière ».

Comment cet homme peut-il avoir un tel culot ? enrage la vieille dame. Il s'était engagé à donner le portrait au musée Monet ! Deux scénarios peuvent expliquer ce revirement opéré dans le catalogue raisonné : soit Daniel Wildenstein a vendu l'œuvre, soit il l'a conservée. Cette dernière hypothèse semble la plus probable. En effet, le spécialiste de Monet utilise quasi systématiquement les termes « collection particulière » pour ses propres tableaux inscrits dans ses catalogues raisonnés, ne dérogeant pas à son légendaire goût du secret.

Paulette Howard-Johnson jure ce jour-là de se battre jusqu'à sa mort contre « l'odieux » marchand d'art. Elle contacte son ami Patrick de Watrigant qui est avocat, il étudie son cas et lui propose deux solutions.

L'une consiste à porter plainte au pénal contre Daniel Wildenstein – Paulette l'exclut car elle devrait se déplacer en personne devant le juge alors qu'elle habite désormais en Suisse et qu'elle est presque centenaire.

Elle préfère donc la seconde option qui consiste à engager une procédure civile. Elle promet d'être longue et coûteuse mais la riche héritière n'en a cure, elle est prête à tout pour que la justice reconnaisse l'indélicatesse de Daniel Wildenstein.

Ce procès qu'elle intente au magnat de l'art vise à faire constater « l'erreur » lors de la vente et obtenir la restitution du tableau. Paulette Howard-Johnson insiste auprès de son ami : « C'est le dernier combat de ma vie. Je veux que vous vous entouriez des plus grands avocats, des plus grands spécialistes. »

Au cas où elle décéderait avant l'issue du procès, elle nomme Patrick de Watrigant exécuteur testamentaire et légataire des droits du tableau afin qu'il poursuive sa bataille judiciaire. La vieille dame pense à son « ennemi » Daniel jusque dans son testament où elle écrit : « Je ne veux aucune transaction. » Et ainsi fut fait selon ses volontés.

La fille du célèbre peintre s'attache les services de l'avocat Jean-Mathieu Boussard qui est épaulé un temps par le professeur Jacques Ghestin, le « pape » du droit civil. C'est lui qui a théorisé la notion d'« erreur sur la substance » qui a débouché sur l'arrêt « Poussin », une affaire qui fit jurisprudence et qui eut des conséquences importantes sur le marché de l'art. Ce jugement mérite qu'on s'y attarde, il est incontournable dans la procédure intentée contre Daniel Wildenstein.

En 1967, les propriétaires d'un tableau du XVIIe siècle, les époux Saint-Arroman, chargent un commissaire-priseur de vendre leur bien. Ces petits-bourgeois de province ont beau signifier à l'expert qu'il leur semble que cette toile bucolique est un Poussin, celui-ci attribue l'œuvre à l'école des Carrache. Ce n'est pas la première fois ni la dernière que des novices « rêvent » qu'ils ont une toile de maître.

Lors de sa vente à Drouot, alors que le tableau est adjugé pour la modique somme de 2 200 francs, une petite dame se lève dans l'assistance et fait jouer le droit de préemption des musées nationaux.

Quelques mois plus tard, les époux Saint-Arroman ont la surprise de découvrir leur toile accrochée au Louvre, attribuée à Poussin, et baptisée *Olympos et Maruysas.* Pierre Rosenberg, le conservateur, académicien et spécialiste de Poussin, est soupçonné d'avoir su dès le départ que le tableau était du maître. Il aurait caché volontairement l'information aux vendeurs.

En langage vulgaire, on appelle cela une « très grosse arnaque ». En droit civil, on parle pudiquement d'une « erreur sur la substance ».

Après dix-neuf ans de procédure, la Cour de cassation a reconnu que le consentement des époux Saint-Arroman avait été « vicié » et a annulé la vente. Les victimes ont récupéré leur tableau et l'ont vendu à Drouot 7 millions de francs.

Depuis lors, cet arrêt permet à un propriétaire de tableau de récupérer son bien s'il parvient à prouver que son consentement a été « vicié ».

C'est ce que l'avocat de Paulette Howard-Johnson, Jean-Mathieu Boussard, tentera de prouver au cours de la procédure. Il a acquis la certitude que Daniel Wildenstein savait que le tableau était un Monet lorsqu'il l'a acheté à la fille de Paul Helleu et que c'est pour contrer une éventuelle procédure de sa part – l'arrêt Poussin constituant une épée de Damoclès pour lui – qu'il a choisi de la menacer d'un procès. Il aurait ainsi suivi le précepte selon lequel « la meilleure défense, c'est l'attaque ».

L'une des premières préoccupations de l'avocat de Paulette Howard-Johnson, Jean-Mathieu Boussard, consiste à localiser le tableau. Le musée de Marmottan affirme qu'il ne l'a pas en sa possession. Après plusieurs visites informelles et de nombreuses demandes écrites d'informations, l'avocat constate que le portrait a disparu.

À la suite de multiples péripéties de procédure, Jean-Mathieu Boussard, en 1999, somme le musée de présenter le tableau. Quelques semaines plus tard, accompagné d'un huissier, il se rend dans l'ancien pavillon de chasse du XVIe arrondissement de Paris afin de constater son absence. Alors que le portrait est introuvable depuis des années, les deux hommes ont la surprise de le découvrir accroché dans l'une des salles consacrées à Monet. La sommation a eut un effet miraculeux, le conservateur reconnaît que l'œuvre est exposée depuis « peu de temps ».

L'huissier a l'idée de demander au directeur de retourner le tableau afin d'en examiner le châssis. Quelle n'est pas sa surprise lorsqu'il y découvre le tampon « Couts Cayman », le cachet de l'un des trusts de Daniel Wildenstein.

Les deux hommes poussent leurs investigations, ils demandent à voir l'inventaire du musée Marmottan. Ils veulent retracer les entrées et sorties du portrait de Monet afin de savoir si Daniel Wildenstein l'avait conservé tout ce temps.

Le conservateur leur présente un cahier d'écolier où sont répertoriés à la main chacun des tableaux. Les lignes sont parfois raturées, certaines pages sont blanches comme si on se laissait la possibilité de rajouter des œuvres. Quant au *Portrait du peintre dans son atelier*, son numéro, 5187, est écrit au crayon à papier. Il s'avère qu'il est faux : les lunettes de Claude Monet (souvenir de l'époque où le peintre souffrait de cécité) sont déjà enregistrées sous ce chiffre.

Pour Jean-Mathieu Boussard, cet inventaire est absolument scandaleux, indigne du plus grand musée Monet au monde. Il soupçonne que le numéro d'inventaire a été écrit au crayon à papier afin de mieux pouvoir l'effacer. Il pense que Daniel Wildenstein a conservé le tableau durant tout ce temps dans ses coffres en Suisse ou ailleurs, et qu'en tant qu'académicien, il profite de sa position pour faire ce qu'il veut dans le musée de l'Institut de France.

Le portrait est de retour à Marmottan et, au fil des ans, la procédure se durcit. Alors que l'étau de la justice se resserre, par un nouveau miracle le tableau se retrouve affublé d'une étiquette : « Attribué à Sargent. » L'autoportrait n'en est plus un et il est difficile de croire qu'il est déclassé à bon escient. Paulette Howard-Johnson revendique le portrait, elle sait désormais où il se trouve, grand bien lui fasse : ce n'est plus un Monet !

La fille de Paul Helleu décède en 2009 à l'âge de cent quatre ans. Le musée Marmottan, croyant peut-être que la plainte s'est éteinte avec la vieille dame, attribue à nouveau *Portrait du peintre dans son atelier* à Claude Monet sur son site Internet en 2010. Le tableau est présenté en bonne place mais quelques semaines plus tard, énième revirement, il est déclassé en « Sargent » dans le catalogue de l'exposition « Claude Monet et son musée ». Qui décide de quoi ? Plus personne ne le sait !

Aujourd'hui, le portrait bénéficie d'un nouveau descriptif qui ne permet plus aucune conclusion tranchée :

Cette toile, coupée sur la partie droite, a d'abord été présentée comme étant l'œuvre de John Singer Sargent, puis attribuée à Claude Monet, bien qu'elle présente peu de points communs avec les deux autoportraits de l'artiste.

Il n'y a plus trace de l'attribution à « l'École française du XIXe » de Daniel Wildenstein, qui lui valut de se faire rembourser 150 000 euros par Paulette Howard-Johnson. Quant à l'inscription du portrait dans le catalogue raisonné, il faut croire que le musée Marmottan ne fait plus guère confiance à la bible des Wildenstein. C'est une première.

J'ai tenté d'en savoir plus sur cette affaire auprès de Jacques Taddei, le directeur du musée depuis 2007. Ce très sympathique chef d'orchestre, aujourd'hui décédé, n'avait pas connu Daniel Wildenstein ; il avait pris ses fonctions une fois la guerre ouverte entre le marchand d'art et la vieille dame. Il me fit part de certaines « particularités » dans la gestion de Marmottan, de l'influence de Daniel Wildenstein en tant qu'académicien. J'étais venue le questionner sur un autre tableau de Monet dont l'attribution posait quelques soucis (voir chapitre 12). Je lui lançais, un peu négligemment, en arrivant à la hauteur du portrait : « Que pensez-vous de cette affaire d'autoportrait ? » Jacques Taddei leva les yeux au ciel l'air exaspéré puis d'un œil complice sourit : « S'il vous plaît, on peut parler d'autre chose ? »

Je lui épargnai de s'expliquer sur cette affaire, qu'il n'avait pas initiée et dont il devait désormais gérer les conséquences.

Daniel Wildenstein est décédé. C'est à Guy Wildenstein et à l'Académie des beaux-arts qu'est revenu le privilège de subir les foudres judiciaires de Paulette Howard-Johnson.

La fille du peintre Paul Helleu est morte la veille du jour où devait être plaidée son affaire. Depuis, son avocat et l'ayant droit du tableau, Patrick de Watrigant, attendent patiemment le renvoi du dossier devant la cour d'appel. Les deux hommes s'étonnent de la lenteur de la justice. Leurs adversaires ont essayé de faire annuler la procédure sous prétexte que, par un hasard de la vie, Patrick de Watrigant est devenu l'associé de Jean-Mathieu Boussard. Les deux hommes ont apporté toutes les preuves qu'il n'y avait pas de conflit d'intérêts, l'ordre des bâtonniers a conclu dans leur sens. Mais voilà trois ans que le sort du portrait de Monet est en suspens.

Paulette Howard-Johnson a légué l'ensemble de sa collection de tableaux, dont de nombreuses œuvres de son père, au musée de Bayonne, rebaptisé officiellement par le ministère de la Culture, musée Bonnat-Helleu. Elle a également donné vingt-cinq toiles au Louvre et à Orsay. Sa générosité à l'égard de l'État français ne fait pas de doute.

Peut-être aurait-elle offert sans hésitation à Marmottan le portrait de Monet dans son atelier.

Encore eût-il fallu, pour cela, qu'elle ne croise jamais Daniel Wildenstein.

12. LE MISTIGRI

Il est un rêve qui hante ceux qui arpentent les salles de vente, les brocantes et les vide-greniers de province. L'espoir fou de dénicher un « trésor », un chef-d'œuvre qui aurait traversé le temps sans se révéler aux yeux du monde, conservé à l'abri des regards chez un particulier, perdu au milieu des souvenirs de famille, des objets inutiles ou même dissimulé sous une couche de peinture comme ce fut le cas pour d'inestimables œuvres de Van Gogh.

Ce rêve anime petits ou grands, marchands de tout bord, commissionnaires et brocanteurs à la petite semaine. C'est ce songe qui excitait l'imagination de Nathan Wildenstein quand, chaque matin, il partait de bonne heure à l'hôtel des ventes de la rue Drouot. Le fils de maquignon alsacien ne dérogeait jamais à son précepte : « Celui qui va chaque jour à Drouot doit pouvoir gagner de quoi manger et de quoi racheter. S'il n'y arrive pas, eh bien, c'est un crétin[1]. » Il encouragea Georges puis Daniel à le suivre. N'avait-il pas lui-même, à ses débuts dans le métier, décelé derrière une toile achetée 200 francs une œuvre de Boucher qu'il avait revendu 20 000 francs ?

Nathan Wildenstein avait une intuition proverbiale, il pouvait deviner la toile de maître encore inconnue, un Chardin, un Lancret. Il avait « l'instinct » comme l'eurent par la suite Georges et surtout Daniel.

Cet « œil » devint celui tout-puissant de l'expert Daniel Wildenstein auquel le monde de l'art se plia, avec une révérence non teintée de jalousie. Daniel n'avait plus besoin d'aller à Drouot, les tableaux venaient à lui, il écrivait leur histoire.

Aujourd'hui, ses catalogues raisonnés ont changé la donne. Les salles des ventes de Drouot ne sont plus ce qu'elles étaient depuis que Nathan en a usé les bancs. Elles ne sont qu'une étape. Celui qui pense y avoir découvert un joyau méconnu de la peinture française doit ensuite passer le barrage de la rue La Boétie et en ressortir adoubé par les « W ».

1. Yves Stravidès, Daniel Wildenstein. *op. cit.*

David, Manet, Monet, Gauguin… Vous pensez en avoir un ? Vous n'avez rien sans l'avis des Wildenstein. Sans eux, il n'est point de trésor.

Le petit cercle des brocanteurs et des marchands bruisse de ces affaires où les Wildenstein imposent leur expertise, non pas dans l'intérêt de l'histoire de l'art, mais dans celui de leur propre commerce. Le cas de Paulette Howard-Johnson est emblématique. Toutefois, pour la descendante d'une grande famille dont les moyens financiers lui permettaient de se battre à armes égales contre les marchands, combien de petits collectionneurs ont dû se plier au bon vouloir de la rue La Boétie.

Un autre tableau de Monet témoigne ainsi du combat inégal entre les propriétaires de tableau, désargentés ou novices dans le marché de l'art, et les Wildenstein.

En 2008 à Marmottan, une nouvelle œuvre de Monet fait son apparition dans l'une des salles du musée. Elle est apparue à l'occasion d'une exposition sur le peintre impressionniste.

C'est une meule de foin au soleil couchant, entourée d'une légère gelée blanche. Elle fait partie des « séries » réalisées par le maître. C'est une pièce rare et recherchée des collectionneurs. À une époque, Monet peignit des sujets identiques sous le même angle, à divers moments de la journée, afin d'en apprécier au mieux les différentes lumières. Il y eut *La meule*, il en réalisa pas moins de vingt-cinq, mais aussi *La cathédrale de Rouen*, *La gare de Saint-Lazare* ou *Les peupliers*.

Le carton de *La meule* de Marmottan indique de façon sibylline le nom de son propriétaire : « Bogart Ltd ». Un trust dont il n'est plus nécessaire, au stade de notre récit, de vanter les prodiges de discrétion.

Mais voilà qu'à l'automne 2009, *La meule* sort soudainement de son doux anonymat.

C'est une après-midi tranquille, les quelques visiteurs du musée ne s'attardent guère devant la « série », il y a tant d'autres œuvres à voir. Un homme se montre singulièrement intéressé par le tableau, il vole quelques photos puis, sous le regard interloqué du gardien, sort un mètre de sa poche afin de mesurer la toile. Il prend à témoin un badaud : « Vous êtes d'accord avec moi, il fait 92 centimètres, vous constatez qu'il fait bien 92 centimètres ! »

Un groupe se forme devant ce « happening » inattendu, l'homme veut voir le directeur du musée. Sur ses insistances et pour mettre fin à l'agitation, la sécurité appelle Jacques Taddei. « Cette *Meule*, c'est mon tableau, c'est celui que j'ai acheté à Drouot », explique l'inconnu. « Dites-moi qui est son propriétaire actuel ! Je veux qu'on paye ce qu'on me doit ! » Le chef d'orchestre ne comprend rien à cette affaire, il appelle la police, croyant avoir devant lui un fou. L'homme est gentiment enjoint de passer son chemin et de ne plus jamais revenir.

Simon Nahmani n'est pas fou. Ce brocanteur aux méthodes un peu rustiques est seulement très en colère depuis qu'il a découvert « sa » *Meule* à Marmottan. Il n'en dort plus la nuit, ressasse inlassablement les détails de son affaire et en arrive toujours à la même conclusion : il s'est fait berner par plus « gros » que lui, voler son « trésor » en toute légalité. Et les « W » sont loin d'être étrangers à son infortune.

L'histoire de Simon Nahmani a débuté à Drouot en 1994. Le brocanteur assiste à une vente dite « courante » – des enchères où les biens proposés n'ont pas été catalogués au préalable. On y trouve de tout, des meubles et des objets hétéroclites de périodes et de valeurs très variées. À chacun d'y dénicher son bonheur, tout se paye au comptant et aucune réclamation n'est possible.

Un tableau représentant une meule se présente à la vente. Elle porte la signature « Claude Monet ». Tous les acheteurs pensent évidemment qu'il s'agit d'une copie comme il s'en échange régulièrement à l'hôtel des ventes. Simon Nahmani la trouve plutôt réussie et décide de l'acquérir pour 400 euros (environ 2 500 francs de l'époque).

Tableau sous le bras, il sort de Drouot et croise un ami galeriste. Ce dernier est surpris : il a vu la toile la veille lors d'une vente informelle dans l'appartement d'un amateur d'art, un Suédois, près de la place de la République. C'était un habitué de Drouot, qui s'est suicidé en laissant un véritable capharnaüm, lui explique le galeriste. Sa fille a décidé de tout vendre. « C'est drôle que tu l'aies achetée, moi je n'en ai pas voulu ».

De retour chez lui, Simon Nahmani examine la toile, elle est en très mauvais état, recouverte d'un vernis qui altère ses couleurs. Pourtant, il trouve le trait de très bonne qualité, la signature convaincante, ce n'est pas une vulgaire copie. Il se met à rêver. Et si c'était un vrai ?

Le brocanteur s'adresse à la section « impressionnisme » de Sotheby's qui le renvoie à l'Institut Wildenstein. Lui seul est en mesure d'authentifier la toile.

Simon Nahmani n'est pas très à l'aise avec ce monde de marchands et d'experts, il ne connaît pas leurs codes. Lui, le brocanteur Juif séfarade craint que son bagout ne suffise pas devant le plus grand expert de Monet au monde. Il est assez malin pour sentir qu'il risque de ne pas être crédible. L'une de ses connaissances, Charly Nadjar, lui propose donc de servir d'intermédiaire. Il vient également du milieu de la brocante mais il a déjà présenté des tableaux à Daniel Wildenstein. Le contact était plutôt bon, lui assure-t-il.

L'affaire est conclue, c'est Charly qui présentera le tableau. Après un échange de courrier, le commissionnaire obtient un rendez-vous avec le magnat de l'art dont il est un grand admirateur.

Le 28 mars 1995, Charly Nadjar se présente dans son plus beau costume à l'Institut Wildenstein muni de *La meule*, pendant que Simon Nahmani s'installe non loin de là dans un café pour attendre le verdict.

Daniel Wildenstein reçoit poliment l'intermédiaire dans son bureau et s'empare immédiatement du tableau. Pendant une vingtaine de minutes il examine la toile, la porte à la lumière du jour sans un commentaire. Charly Nadjar pense que c'est un bon signe : le plus grand expert de Monet a « l'œil », il aurait décelé un faux dans la minute. S'il passe autant de temps, ce n'est certainement pas pour rien.

Daniel Wildenstein repose finalement *La meule* et se tourne vers Charly : « Je ne reconnais pas l'écriture de Monet. » Le rêve est terminé.

Simon Nahmani récupère son tableau et ses chimères, il repart à ses affaires de brocanteur désargenté, loin des fastes de la rue La Boétie. *La meule* ne lui rapportera pas des millions mais elle s'avère tout de même une bonne affaire puisqu'il la revend pour l'équivalent de 9 000 euros à un Allemand, Gernot Distler, spécialisé dans les objets de luxe.

Quant à Charly Nadjar, il reçoit une lettre de Daniel Wildenstein :

En réponse à votre lettre du 5 mai, n'étant pas la personne qui fait le catalogue raisonné de Blanche Hoschedé, je ne puis vous donner un certificat ; mais il me semble que votre tableau La meule *est une œuvre peinte par Blanche Hoschedé comme elle le faisait la plupart du temps. Nous avons plusieurs exemples de sujets de cette époque faits par Claude Monet avec une réplique par Blanche Hoschedé.*

Le tableau serait donc une œuvre de la belle-fille de Claude Monet qui peignait aux côtés du maître et qui réalisa « à sa manière » des séries de meules.

À l'époque, Charly Nadjar n'est pas alerté par un détail qui met à mal cette conclusion : *La meule* est signée de Claude Monet, or Blanche Hoschedé signait toujours de son nom ; jamais elle ne se serait permis d'imiter la signature de son beau-père. De deux choses l'une : soit la signature « Claude Monet » a été rajoutée ultérieurement, et dans ce cas le plus grand expert au monde du peintre aurait dû le voir et le signaler, soit il s'agit d'un faux et, là aussi, Daniel Wildenstein aurait dû en informer Charly Nadjar.

Le commerce de l'art aime le secret mais il est aussi animé par beaucoup de bavards qui distillent racontars et fantasmes, eux-mêmes à l'affût d'informations utiles pour réaliser un « coup », une vente inespérée, profiter d'un acheteur généreux pas très au fait du marché.

Comme tout brocanteur qui espère un jour sortir du lot, Simon Nahmani se tient au courant de ces bruits, il travaille son réseau de connaissances. Dans les années qui suivent la vente de *La meule*, une rumeur lui revient régulièrement aux oreilles. Gernot Distler serait sur le point d'obtenir le certificat de l'Institut Wildenstein. En 2007, ce n'est plus seulement une rumeur, c'est un fait, un « ami » envoie à Simon une copie du certificat de l'Institut Wildenstein daté du 8 septembre 2005.

Accompagné de la photo de *La meule*, quelques lignes succinctes signées par Guy Wildenstein :

Nous vous informons qu'après étude et en l'état actuel de nos connaissances, nous avons l'intention, à ce jour, d'inclure l'œuvre reproduite ci-dessous dans le supplément au catalogue raisonné de l'œuvre de Claude Monet de Daniel Wildenstein.

Le tableau vaut désormais des millions d'euros.

Simon Nahmani téléphone à Gernot Distler : il veut sa part, il a été floué par Daniel Wildenstein. Il avait un trésor entre les mains et l'expert, pour une raison qu'il ignore, n'a pas daigné lui attribuer le précieux certificat alors que son fils, pour une raison qu'il méconnaît tout autant, l'a donnée au marchand allemand.

Gernot Distler est aux cent coups, il supplie Simon Nahmani de ne pas faire de scandale. « Tu risques de faire annuler la vente du tableau, lui explique-t-il, j'ai un acheteur potentiel à New York. »

Le marchand allemand décide donc d'acheter le silence du brocanteur mais, dit-il afin de réduire les prétentions de Simon, le certificat Wildenstein lui ayant déjà coûté « très cher », il ne peut lui verser sur un compte au Luxembourg « que » la somme de 700 000 euros.

Le découvreur de *La meule* est satisfait pour un temps. Il en profite pour se retirer des affaires et s'installer en Israël.

L'histoire de *La meule* et les revirements de l'Institut Wildenstein auraient pu rester l'une de ces anecdotes que l'on se raconte entre gens de la profession si Simon Nahmani et Charly Nadjar n'avaient pas choisi de médiatiser leur affaire en 2010 en découvrant le tableau à Marmottan.

Le brocanteur et l'intermédiaire affirment qu'ils souhaitent mettre en lumière les avis contradictoires des Wildenstein et dénoncer ce monopole de l'expertise grâce auquel les marchands décident unilatéralement qui a le droit de se voir décerner le précieux certificat.

Ils sont persuadés que l'actuel propriétaire a voulu leur dissimuler le tableau afin d'éviter tout recours. C'est pourquoi Simon Nahmani a pris soin de mesurer le tableau à Marmottan et de vérifier sa cote. *La meule* fait bien 65 centimètres sur 92, comme celle qu'il a découverte à Drouot. La cote de 65 centimètres sur 100 indiquée au musée et dans les catalogues d'exposition successifs est donc fausse. Simon pense que cette erreur est volontaire, elle visait à brouiller un peu plus les pistes.

Le conservateur du musée affirme, quant à lui, qu'il s'agit d'une simple coquille. Pourtant, les professionnels interrogés sur cette « erreur » assurent qu'à ce niveau, les « coquilles » sont rarement involontaires.

Dans leur démarche, les deux brocanteurs espèrent surtout retirer encore un peu d'argent de leur « trésor » vendu plus de 15 millions d'euros à un discret homme d'affaires qui souhaitait diversifier son portefeuille de placements. *La meule* est aujourd'hui assurée 20 millions d'euros. Les deux hommes n'ont pourtant guère de recours. Simon Nahmani n'a-t-il pas déjà reçu 700 000 euros sur l'opération ? Qui plus est sur un compte au Luxembourg, fraudant les impôts au passage… On voit difficilement comment un juge pourrait annuler cette vente.

« On n'affranchit pas les caves », m'expliquera un fin connaisseur du « milieu ». Simon et Charly avaient le malheur de ne pas faire partie du sérail.

Il reste tout de même une question : qui avait raison ? Daniel ou Guy Wildenstein ? Le tableau est-il un Monet ? Un Blanche Hoschedé ? Un faux ? Personne n'a intérêt à se pencher désormais sur cette problématique, des millions d'euros sont en jeu. Et surtout pas l'actuel propriétaire qui se satisfait amplement de l'origine qui lui a été communiquée et sur laquelle il a fondé son achat.

Le représentant légal du propriétaire, le gérant de la « Bogart Ltd », m'a avoué un temps ses doutes concernant le scénario présenté par Gernot Distler. Ce dernier lui avait affirmé lors de la vente que *La meule* appartenait depuis des générations à sa famille, expliquant par là même l'absence d'histoire de la toile – elle n'a fait l'objet d'aucune exposition avant 2008, son châssis ne révèle aucun tampon de galerie.

Peu avant d'être vendue à la « Bogart Ltd », *La meule* avait intéressé un milliardaire américain mais celui-ci avait renoncé à l'acquérir, ses avocats n'ayant pu obtenir suffisamment de précisions sur son origine.

L'historien d'art Paul Hayes Tucker, spécialiste de Monet, s'était vu présenter le tableau par un « marchand suisse » à Paris à cette même période. Il se souvient d'avoir examiné la toile dans un appartement, et de l'avoir trouvée très endommagée. Paul Tucker n'entendit plus jamais parler de l'œuvre jusqu'à l'affaire de Marmottan.

Ces éléments, ajoutés aux témoignages des deux brocanteurs, laissent planer nombre d'incertitudes autour de l'histoire du tableau. Devant ces questions restées sans réponses, le représentant légal du propriétaire de *La meule* est devenu fébrile puis menaçant, prêt, dit-il, à engager un procès contre quiconque oserait mettre en cause l'authenticité de l'œuvre qu'il a lui-même conseillé d'acheter.

Un ancien policier s'amusait de toute cette affaire, un « classique du milieu ». « C'est comme le jeu du mistigri, si un tableau de ce prix est faux, personne ne le dira mais tout le monde essayera de se le repasser. Et au passage, Sotheby's, Christie's, les intermédiaires, toucheront à nouveau un pourcentage sur la vente. Tout le monde est gagnant. »

Jacques Taddei a coupé court à toute polémique et a encouragé le représentant du mystérieux propriétaire de *La meule* à venir récupérer son bien. Le tableau est reparti en fourgon, officiellement pour de « nouvelles expertises ». Le directeur de Marmottan ne voulait pas d'un scandale de plus lié à l'Institut Wildenstein : le musée Monet a suffisamment de chefs-d'œuvre incontestés du maître de l'impressionnisme pour se passer d'une « série » énigmatique.

La « maison » Wildenstein vieillit. Depuis que le patriarche est décédé, des voix s'élèvent pour demander qu'un comité d'experts indépendants prenne le pas sur l'Institut. Les déboires fiscaux de Guy Wildenstein, la perquisition de ses coffres, les procès qui se multiplient, tout converge pour faire trembler l'édifice. Sur le marché, un tableau « Wildenstein » reste un « Wildenstein », un gage d'authenticité, une « assurance » contre toute contestation, mais pour combien de temps ?

En Grande-Bretagne, un tableau de Claude Monet refusé par les Wildenstein a cristallisé les critiques contre l'Institut et révélé de manière flagrante ses avis contradictoires.

Bords de la Seine à Argenteuil est un paysage à dominante bleue et verte qui porte la signature « Claude Monet » en bas à droite de la toile. Son propriétaire, David Joel, un historien d'art aujourd'hui âgé de plus de quatre-vingts ans, a consacré sa retraite à retrouver une à une les preuves que son tableau était authentique. Ce travail minutieux s'est appuyé sur les tampons et les étiquettes apposés sur le châssis d'origine de l'œuvre, qui lui ont permis de reconstituer son parcours, d'identifier ses anciens propriétaires. David Joel est loin d'être un novice en la matière, il a réalisé le catalogue raisonné du peintre britannique du XVIIIe siècle Charles Brooking, et a également écrit un livre sur Monet à Vétheuil.

Le parcours du tableau de David Joel est étonnant à plus d'un titre. Jusqu'à ce qu'il soit « refusé » par Daniel Wildenstein dans les années 1980, il était considéré comme un Monet par les experts anglais. Le marchand Martin Summers, une mémoire du marché de l'art à Londres, se souvient très clairement de *Bords de la Seine à Argenteuil* qu'il a vu se vendre lorsqu'il travaillait à la Toots Gallery, un établissement prestigieux de la capitale britannique. C'était alors un Monet à n'en pas douter, qui avait d'ailleurs été exposé comme tel lors d'une exposition en 1972 à la mémoire de Dudley Tooth.

Lorsque David Joel l'achète en 1992 pour 50 000 euros, l'œuvre n'était pas parvenue, lors d'une précédente vente aux enchères chez Christie's, à atteindre le prix plancher de

630 000 euros, faute d'être inscrite dans le catalogue raisonné.

David Joel sait qu'il s'agit d'un vrai. Il faut seulement recueillir les preuves de son authenticité, pense-t-il alors, naïf. Ses tentatives pour obtenir le précieux certificat seront pourtant vaines. L'Institut Wildenstein refusera de reconnaître *Bords de la Seine à Argenteuil*.

L'histoire de son tableau ne dépasse guère le cercle familial – ses enfants considèrent cette affaire un peu comme la marotte du vieux monsieur –, ils le découragent d'entamer un quelconque recours contre l'Institut : cela coûterait bien trop cher. *Bords de la Seine à Argenteuil* est tout de même exposé lors d'une rétrospective de Monet à Tokyo en 1994. Son authenticité est appuyée et confirmée par l'historien d'art Paul Hayes Tucker.

La pugnacité de David Joel va finalement être récompensée en 2011. Son tableau se retrouve au cœur d'une enquête de la BBC[1]. Le principe de l'émission « *Fake or Fortune* » de la chaîne publique est le suivant : la journaliste vedette Fiona Bruce, épaulée par l'expert et galeriste de renom Philip Mould, dont l'un des faits d'armes est d'avoir acheté un Gainsborough sur eBay pour 150 euros, s'empare chaque mois d'une œuvre à l'origine

1. « *Fake or Fortune* », BBC1, première diffusion le 19 juin 2011.

mystérieuse et reconstitue les éléments de son histoire afin d'établir ou non son authenticité.

Grâce à la BBC le tableau de David Joel est soumis à des expertises extrêmement poussées. Il est scanné, passé aux rayons X et examiné par Iris Schaeffer, la conservatrice du Wallraf-Richartz-Ludwig muséum de Cologne, qui avait précédemment décelé un faux Monet pourtant reconnu comme authentique par l'Institut Wildenstein.

Iris Schaeffer conclut que le tableau de David Joel est un vrai. Tout comme l'expert Nicolas Eastaugh du Courtauld Institute, qui réalisa des analyses chimiques de la signature et la trouva conforme à la palette utilisée par le peintre en 1873.

Fiona Bruce et Philip Mould découvrent surtout un élément essentiel dans l'histoire de la toile. S'appuyant sur un numéro de stock de la galerie Georges Petit inscrit sur son châssis, ils remontent à son propriétaire de 1918 à 1953, le collectionneur égyptien francophile Mohamed Mahmoud Khalil Bek. Les deux enquêteurs se rendent aux archives de sa fondation au Caire et retrouvent la piste de *Bords de la Seine à Argenteuil*, acheté en même temps qu'un *Nymphéa*, authentifié depuis longtemps comme étant de la main de Claude Monet.

Philip Mould et les experts sollicités au cours de l'émission concluent à l'unanimité que le tableau de David Joel est un authentique Monet. L'un d'eux est donc chargé de se rendre à l'Institut Wildenstein muni de ces nouveaux éléments pour faire expertiser le tableau et obtenir le précieux certificat.

Le numéro de « *Fake or Fortune* » se termine sur une séquence « suspense » – télévision oblige : les résultats de l'expertise. Sous le regard choqué et un peu surjoué, de Fiona Bruce, l'expert britannique révèle que l'Institut Wildenstein, ignorant les dernières découvertes des spécialistes anglais et allemand, a refusé le tableau.

Le motif invoqué n'est pas très clair : Guy Wildenstein ne voudrait pas revenir sur l'avis de son père. Celui-ci avait expertisé le tableau des années auparavant et l'avait considéré comme un faux. La décision du fils est d'autant plus discutable que – les journalistes de la BBC l'ignorent au moment de leur enquête – Guy Wildenstein n'a pas hésité à changer d'avis sur *La meule* découverte par Simon Nahmani.

Philip Mould ne peut cacher son agacement, c'est un camouflet pour les experts britanniques, pour l'un des plus grands historiens d'art spécialistes de Monet, Paul Tucker.

Martin Summers me déclarera en conclusion de cette affaire : « Guy Wildenstein est un homme buté, il ne veut pas reconnaître l'erreur de son père. C'est de l'arrogance et du mépris à l'égard des autres experts. »

Au-delà de cette « arrogance » déjà décriée par les détracteurs de Guy Wildenstein, certains professionnels n'hésitent pas à donner une interprétation plus pragmatique de ces avis contradictoires. Les « W » recouraient régulièrement à la même technique : ils refusent un tableau et patientent plusieurs années, le temps qu'il se fasse oublier du marché et du propriétaire débouté. Ils attendent que l'œuvre soit vendue pour l'acquérir en sous-main et finalement, l'attribuent à Monet. Il ne reste plus qu'à suivre le précepte de Nathan : « Audace dans l'achat, patience dans la vente. »

« C'est ce qu'ils souhaitaient faire avec ce Monet, m'explique un galeriste, attendre un peu et le racheter, mais maintenant, les "W" ne pourront plus en profiter, le tableau est trop marqué. »

Quelques semaines après la diffusion de l'émission de la BBC, le professeur John House du Courtauld Institute de Londres trie ses archives. Il part à la retraite et doit faire le ménage parmi les documents amassés tout au long de sa carrière d'historien d'art. Soudain, son regard est attiré par un article de plusieurs pages du *Figaro artistique* qu'il avait complètement oublié. C'est la nécrologie de Claude Monet publiée en 1926 au lendemain de sa mort. Elle est illustrée par sept photos de tableaux du peintre. Sur l'un de ces clichés, *Bords de la Seine à Argenteuil*.

On peut difficilement soutenir qu'en décembre 1926 un « faux » se soit glissé dans la nécrologie de l'artiste. L'un des amis du peintre, le président Georges Clemenceau, s'en serait certainement offusqué.

David Joel a ajouté l'article du *Figaro* à l'épais dossier qu'il a constitué et l'a transmis à Jean-Mathieu Boussard, l'avocat de Paulette Howard-Johnson. Ensemble, les deux hommes ont décidé d'assigner Guy Wildenstein afin de l'obliger par voie de justice à inscrire *Bords de la Seine à Argenteuil* dans le catalogue raisonné.

En attendant que la justice fasse son lent travail, le vieil homme conserve son « Monet » chez lui. Il peut l'admirer au coin du feu avec sa femme dans l'ancien phare où le couple a emménagé pour passer la fin de sa vie. L'historien d'art sait que l'Institut Wildenstein, un jour ou l'autre, perdra de sa superbe – son monopole de l'expertise cédera sous la pression des universitaires, des historiens d'art et du marché.

David Joel n'aura peut-être jamais la joie de détenir un « vrai » Monet selon les exigences de Sotheby's et de Christie's. Il est persuadé en revanche que ses enfants et ses petits-enfants pourront bientôt le vendre des millions d'euros. Ce n'est plus qu'une question de temps.

13. L'AFFAIRE WILDENSTEIN

La rumeur enfle. Guy Wildenstein veut vendre l'Institut, le dernier bastion français de la dynastie. Son histoire, débutée il y a plus d'un siècle, se terminera-t-elle ici même, au 57 rue La Boétie, dans les appartements à moitié vides de l'hôtel particulier de Wailly où ont vécu dans le faste Nathan, Georges puis Daniel ? Le fils cadet a réduit le temps de travail et les salaires de l'équipe de chercheurs qui y travaillent, ceux-là mêmes qui élaborent les précieux catalogues raisonnés. Certains ont préféré partir, nostalgiques du règne de Daniel qui, s'il imposait une forme de terreur par ses sautes d'humeur imprévisibles, avait forcé le respect et créé une ambiance familiale – certes quelque peu paternaliste –, où chacun avait le sentiment de travailler pour l'un des meilleurs. Le plus puissant des marchands d'art du XXe siècle.

À l'Institut, Guy Wildenstein ne fait que passer, il lui préfère la galerie de New York, tout comme il préfère les États-Unis à la France. Il s'est débarrassé du château de Marienthal à Verrières-le-Buisson, vendu 4 millions d'euros. La somme a été immédiatement saisie par le juge d'instruction Guillaume Daïeff. Il se sépare au compte-gouttes des derniers objets de valeur de la famille. Le représentant UMP de New York ne vient plus guère à Paris depuis le camouflet de sa garde à vue – les affaires des « W » se font dans tous les cas ailleurs depuis bien longtemps. Paris n'est plus Paris, Londres et New York ont pris le pas sur le marché de l'art dans les années 1950.

La famille est si riche, murmurent les autres marchands, qu'elle peut vivre encore des générations sur les stocks de ses galeries. Elle vendra des tableaux, cessera d'en acquérir et de prendre des risques sur de nouveaux artistes comme elle a pu le faire par le passé. Guy n'a pas l'œil de son père pour acheter à bon escient les œuvres qui feront les futurs succès du clan.

À New York, il a d'ailleurs signé la fin du joint-venture établi dix-sept ans auparavant avec la Pace Gallery, spécialisée en art contemporain. La galerie Wildenstein se recentre sur ce qui a fait sa fortune, les vieux maîtres impressionnistes et postimpressionnistes, récupérant au bénéfice de cette séparation à l'amiable plusieurs centaines de millions d'euros[1].

Comment les « W » peuvent-ils concevoir de nouveaux projets à Paris alors que le divorce est consommé entre la France et Guy Wildenstein ?

Les liaisons dangereuses engagées entre le marchand d'art et le ministre du Budget Éric Woerth ont tourné au désastre, pour l'un comme pour l'autre.

Éric Woerth est retourné à sa mairie de Chantilly à l'hiver 2010, décrédibilisé par les affaires, lâché par Nicolas Sarkozy. Il essaiera vainement de convaincre les Français que cette mise à l'écart n'est pas un désaveu. Dans l'une de ses apparitions télévisées méticuleusement préparées, il s'affiche, sourire crispé, gérant le quotidien de sa commune. La caméra le suit, il supervise les préparatifs des cantonniers de Chantilly avant l'arrivée des premières chutes de neige, il assiste à une réunion avec les notables locaux au restaurant du coin. Ses propos exagérément enthousiastes sur les joies du retour aux sources ne peuvent cacher le pathétique de la scène pour celui qui, un an auparavant,

1. *New York Times*, « *Powerhouse is splitting apart* », 1er avril 2010, Carol Vogel.

apparaissait comme l'un des ministre les plus prometteurs du gouvernement Sarkozy.

Quant à Guy Wildenstein, son dossier judiciaire s'alourdit d'une nouvelle plainte à son encontre. La plus lourde : celle de l'État français.

Éric Woerth écarté, François Baroin, son successeur, après avoir longtemps fait la sourde oreille, décide en juillet 2011 de signer la plainte pour fraudes fiscales à l'encontre du représentant UMP des États-Unis. Les derniers rebondissements de l'affaire Bettencourt et les lourds soupçons de protections accordées à certains donateurs de l'UMP par Bercy ne lui laissaient guère le choix, quelques mois seulement avant la prescription des faits.

Le parquet a ouvert sur-le-champ une information judiciaire, près de dix ans après la première déclaration erronée de succession de Guy et Alec. Mieux vaut tard que jamais, diront certains, mais au regard de l'inaction du ministère du Budget, malgré les demandes répétées adressées par Claude Dumont-Beghi, les rapports transmis par le juge Daïeff et par l'administration fiscale, il est évident que sans le combat mené par Sylvia et son avocate, relayé par la presse, les Wildenstein n'auraient jamais été inquiétés.

Le juge d'instruction Guillaume Daïeff, en charge de l'enquête pénale, ne fait aucun commentaire sur l'existence ou non de protections politiques ayant bénéficié à Guy Wildenstein. Les avocats de l'héritier attendent le moindre de ses faux pas pour obtenir une annulation de la procédure.

Au printemps 2012, la commission d'enquête du Sénat sur l'évasion des capitaux auditionnait le magistrat du pôle financier de Paris[1]. Ses déclarations sous les lambris du Palais-Bourbon lèvent les derniers doutes, pour qui sait lire entre les lignes, sur les résistances de Bercy auxquelles il a été confronté dans ses investigations sur la succession Wildenstein. Ce matin-là, Guillaume Daïeff exposait devant les sénateurs la particularité française en matière de fraude fiscale :

Le procureur de la République ne peut pas – il n'en a pas le droit – engager une enquête pour fraude fiscale si elle ne lui a pas été demandée par le ministre du Budget. C'est, je le répète, une condition préalable à l'action publique […]. Ces deux mécanismes, c'est-à-dire plainte préalable du ministre du Budget, puis décision du procureur d'engager les poursuites, méritent le vilain nom de « verrou » que je leur donne dans certains cas de fraudes fiscales commises par des particuliers […].

1. 23 mai 2012, Commission d'enquête Évasion des capitaux, 1re réunion.

Imaginez [...] qu'un ministre du Budget soit aussi, par exemple, trésorier d'un parti politique. Imaginez, même si c'est absolument inimaginable, que cette personne dise à certains contribuables : « Si vous payez le parti, vous n'aurez pas à payer l'État. » On mesure dans ce cas que le verrou de la plainte préalable du ministre du Budget est absolument essentiel.

Il est en effet inimaginable qu'un ministre du Budget cumule maladroitement une fonction de trésorier de son parti. Et inconcevable qu'il puisse négocier pour ses amis donateurs des « arrangements » avec ses propres services. N'est-ce pas ?

Claude Dumont-Beghi et les veuves du clan Wildenstein ont, quoi qu'il en soit, fait sauter les verrous de Bercy. La porte de l'édifice Wildenstein est ouverte et les agents des impôts s'y sont engouffrés. En avril 2012, la famille s'est vu signifier un redressement de 600 millions d'euros, hors pénalités, que contestent les avocats de la famille. Si on y ajoute ces dernières, la note peut s'élever à plus d'1 milliard d'euros. Cette somme représente 1 % du total des impôts sur le revenu et les sociétés perçus en 2011 en France. Que Bercy ait pu, un temps, fermer les yeux sur cette fraude fiscale massive démontre encore une fois l'ampleur du scandale politique que constitue « l'affaire Wildenstein ».

Le représentant UMP doit à lui seul 250 millions d'euros. Le reste est réparti entre les ayants droit d'Alec et de Daniel : Alec junior et Diane, Sylvia Wildenstein et Liouba Stoupakova. Cette dernière subit un redressement de 75 millions d'euros, le fisc est pour l'instant montré peu reconnaissant à l'égard de celle qui a apporté les preuves de l'existence de plusieurs trusts.

C'est en effet grâce aux documents de Liouba que les enquêteurs ont décortiqué la structure financière de l'empire des marchands d'art. De commissions rogatoires internationales lancées au cœur même des « zones d'ombre de la finance » en interrogatoires des notaires, avocats fiscalistes, conseils et trustees de la famille, en Suisse, en France et aux États-Unis, une cartographie de la fortune des « W », dissimulée depuis des décennies au fisc français, se dessine. Quant au fisc américain, il pourrait s'intéresser de près aux résultats des investigations françaises.

Parallèlement au juge d'instruction, Liouba Stoupakova mène l'offensive contre la famille Wildenstein avec un style bien différent de celui de Sylvia, mais non moins efficace. En toute discrétion, la jeune veuve d'Alec a assigné Guy Wildenstein, ses enfants, ceux de son mari ainsi que les trustees de la famille en novembre 2012. Elle leur demande 200 millions d'euros. Cette somme correspond à ce qu'elle considère être ses droits dans la succession de son mari compte tenu des donations dont les Wildenstein auraient bénéficié par l'intermédiaire de leurs trusts et dont elle aurait été exclue.

Dans les paradis fiscaux, le petit monde des gestionnaires de fortunes et de leurs corollaires, les banques, risque de réfléchir à deux fois avant de reprendre une grande famille française comme cliente. De même, la Suisse n'est plus le havre de paix d'autrefois depuis les attaques de la justice américaine contre la banque UBS. Les lignes bougent.

La cascade des mises en examen a commencé en avril 2012 avec Olivier Riffaud, l'avocat d'Alec et de Guy, pour « blanchiment de fraude fiscale ». Puis ce fut le tour de la très respectée étude parisienne de Robert Panhard, le notaire de la famille, en août de la même année. Guillaume Daïeff a frappé jusqu'aux Bahamas et à Guernesey, où il a mis en examen deux établissements bancaires, la Northern Trust qui gère le David Trust et le Son Trust, ainsi que la Royal Bank of Canada. Les Suisses ne sont pas épargnés : Peter Altorfer, l'avocat helvète de la famille, protecteur du Drawdale Trust, a été entendu comme témoin assisté. Le professeur Hinderling a été lui aussi interrogé.

Dans son audition au Sénat, le juge laissait entrevoir la difficulté de sa tâche :

Si je suis un flux financier qui arrive sur un compte bancaire ouvert au nom d'une société aux Bahamas dont les actions sont détenues par un nominee trustee, j'interroge l'État en question par le biais d'une demande d'entraide judiciaire. À la banque, on me dit que le compte appartient à telle société. Je demande à voir les registres de cette société et là, ces registres – si on me les fournit, je peux m'estimer déjà très bien servi par les autorités locales – indiquent que les actions sont détenues par M. X. Sauf que M. X est le nominee trustee de M. Y. Or c'est ce dernier que je veux identifier, mais il n'apparaît pas sur le registre des actions : seul figure le nom de M. X. Et il n'est même pas écrit que M. X figure en tant que nominee trustee.

Pour identifier M. Y, il aura fallu la vengeance d'une veuve, humiliée lorsque ses chevaux lui furent retirés. Le secret des trusts tient parfois à peu de chose – à une coûteuse frivolité.

Les six chevaux en possession de Sylvia à sa mort sont restés à l'écurie de Jean-Paul Gallorini, à Maisons-Laffitte. Ils ont été placés un temps sous séquestre par la HSBC qui souhaitait récupérer une partie des dettes qu'elle avait contractées.

L'entraîneur les a gardés en pension à ses frais – leurs statuts ne leur permettaient pas de concourir – avant de devenir leur propriétaire légal, faute d'avoir été payé sur la succession de Sylvia. Comme lui, le personnel de la veuve, son chauffeur, son jardinier, sa femme de ménage, n'ont pu obtenir le paiement de l'ensemble de leurs arriérés. Guy Wildenstein n'a pas mis la main à la poche pour ceux qui ont travaillé pour sa belle-mère jusqu'à la fin.

Peut-être a-t-il évalué la note laissée par Sylvia déjà suffisamment longue, d'autant que le prix de sa vengeance s'est alourdi au fil des mois.

Le 24 janvier 2013, Guy Wildenstein a été mis en examen pour fraude fiscale et blanchiment de fraude fiscale, dernier rebondissement dans l'affaire qui l'oppose à Liouba Stoupakova. L'héritier est resté libre en échange d'une caution de 500 000 euros. Une bagatelle au regard des 600 millions d'euros dont le clan doit s'acquitter.

600 millions d'euros, même pour le clan Wildenstein, c'est une somme à ne pas dédaigner. D'autant que les Wildenstein père et fils ont toujours veillé jalousement à faire croître et fructifier leur fortune dans les secrets de leurs coffres et de leurs trusts. Le coup d'arrêt est rude pour cette dynastie habituée aux victoires.

Étrange clan, étrange monde où s'entremêlent amour véritable de l'art, expertise réelle de larges pans de la peinture des trois derniers siècles et pulsions de marchands prêts à dénigrer les œuvres et leurs auteurs pour dominer le marché. Quitte à flirter avec l'immoralité. La mise à profit de la période de l'Occupation par Georges Wildenstein est dure à accepter, même pour qui apprécierait les indéniables qualités professionnelles de l'expert.

L'art est trompeur, les lois du marché sont décevantes. On peut comprendre la passion exacerbée des collectionneurs, dont on sait qu'elle est une drogue dure. Mais, poussée à l'extrême à la seule fin du profit financier, elle n'apparaît plus que comme une terrible vulgarité.

Table

PHOTOCOMPOSITION FACOMPO

CET OUVRAGE A ÉTÉ IMPRIMÉ EN FRANCE
PAR CPI BUSSIÈRE
À SAINT-AMAND-MONTROND (CHER)
EN SEPTEMBRE 2013

N° d'édition : 02. — N° d'impression : 2005113.
Dépôt légal : avril 2013.